사회생활

30 DAI NO ASERI WO FUKITOBASU 31 NO KOTOBA by shotaro kushi
Copyright ⓒ 2016 by shotaro kushi
Korean translation copyright ⓒ 2018 by Docent.
All rights reserved.

Original Japanese edition published by Sunmark Publishing, Inc., Tokyo, Japan.
Korean translation rights arranged with Sunmark Publishing, Inc. throught InterRights, Inc.,
Tokyo and Danny Hong Agency, Seoul.

이 책의 한국어판 저작권은 대니홍 에이전시를 통한
저작권사와 독점 계약으로 도슨트에 있습니다.
저작권법에 의해 한국 내에서 보호를 받는 저작물이므로 무단전재와 복제를 금합니다.

사회생활

[시작편]

구시 쇼타로 저 | 정문주 옮김

도슨트

'진짜 일은 서른 이후에 시작된다.'

빈센트 반 고흐(Vincent van Gogh)

30대는 불안합니다.

'이대로 괜찮은 걸까?'

'이 사람이 진짜 내 짝일까?'

'옮길까, 눌러앉을까?'

'이게 정말 내가 원한 일인가?'

'이대로 이렇게 시시하게 나이를 먹는 건가?'

'일이냐, 육아냐?'

'나이도 먹는데 자유로운 생활은 포기해야 하나?'

일, 회사, 결혼, 내 집 장만······.

'늦기 전에' 해야 할 일이 산더미처럼 많습니다.

오늘의 결정이 미래를 망칠까 봐 걱정도 많습니다.

실패가 용납되지 않는다고 생각하면

마음은 더 불안해지고

이제 더는 실패하지 않겠다고 다짐하다 보면

자신도 모르게

정말 좋아하는 일, 가슴 뛰는 일보다

평판이 좋은 일, 안정적인 일을 선택하게 됩니다.

'무난한 착지'를 고려하게 되는 것입니다.

30대는 20대와는 다릅니다.

사실 30대쯤 되면 누구나

자신의 능력, 취향 정도는 알게 됩니다.

하지만 이번 선택이

이후의 인생에 빼도 박도 못 하는 영향을 미칠까 두려워서

선택의 순간을 자꾸 미루는 사람도 많습니다.

개중에는

'내일을 위한 선택지'를

이것저것 만들어 놓음으로써

불안감을 잠시 잊으려는 사람도 있습니다.

그러나 인생을 잘 살아내는 데

꼭 선택지가 많을 필요는 없습니다.

선택지는 이른바 내일을 위한 보험입니다.

내일은 눈에 보이지 않아서 들고 싶은 것입니다.

하지만 어떻게 보면 보험은 불필요한 짐일 뿐입니다.

여행을 떠날 때, 사람들은 대부분

짐을 많이 챙기면 여행에 도움이 될 거라 생각합니다.

지도, 가이드북, 램프, 침낭, 충전기…….

그런데 정말 그렇습니까?

짐을 많이 짊어질수록 거동은 불편해집니다.

무거우니까 행동에 제약이 따릅니다.

지도를 열심히 들여다보느라 눈앞의 경치를 그냥 지나칩니다.

예정한 장소에 도착하지 못하면 어김없이

불안에 떠는 여정이란 참…….

저는 여행을 갈 때 짐을 최소한으로 줄입니다.

그러면 100% 눈앞의 경치를 즐길 수 있습니다.

아름다운 바다가 시야에 들어왔을 때 짐을 걱정하지 않고 뛰어

들 수도 있습니다.

길을 잃으면 사람과 대화할 계기가 생깁니다.

그뿐만 아니라 지금 이 순간 자신이 선 곳을

온몸으로 느낄 수 있습니다.

인생도 그렇습니다.

지나간 날을 아쉬워하고, 내일을 걱정하며

만반의 준비를 하기보다는

지금 이 순간 눈앞에 있는 것들에

전력을 다하는 것이 훨씬 중요한 것입니다.

좋은 일부터 언뜻 보기에 부정적인 일까지

그 모두를 받아들이고 눈앞에 일어난 일에 집중해보세요.

그러면 심지 굳은 인간이 될 것입니다.

진짜 실력이 붙을 것입니다.

몸뚱이 하나만 가지고도 어디서나 통하는 사람이 될 것입니다.

그것이 바로 재현성입니다.

재현성을 갖추면 덩치 큰 누군가에게 기대고,

빌려온 무언가로 무장할 필요가 없어집니다.

왜냐하면 나의 피와 살이 된 '진짜 실력'에는

모든 것을 잃고 나서도 다시 일어설 힘, 다시 말해

'재현성'이

숨어 있기 때문입니다.

재현성은 평생의 보물입니다.

재물을 잃어도, 사람들과 멀어져도, 자신이 어디에 서 있건 간에

재현성이 있는 한 여러분은 다시 시작할 수 있습니다.

재현성은 최고의 자유를 보장해 줍니다.

불안해하지 않고 살 수 있는

특급 티켓은

재현성입니다.

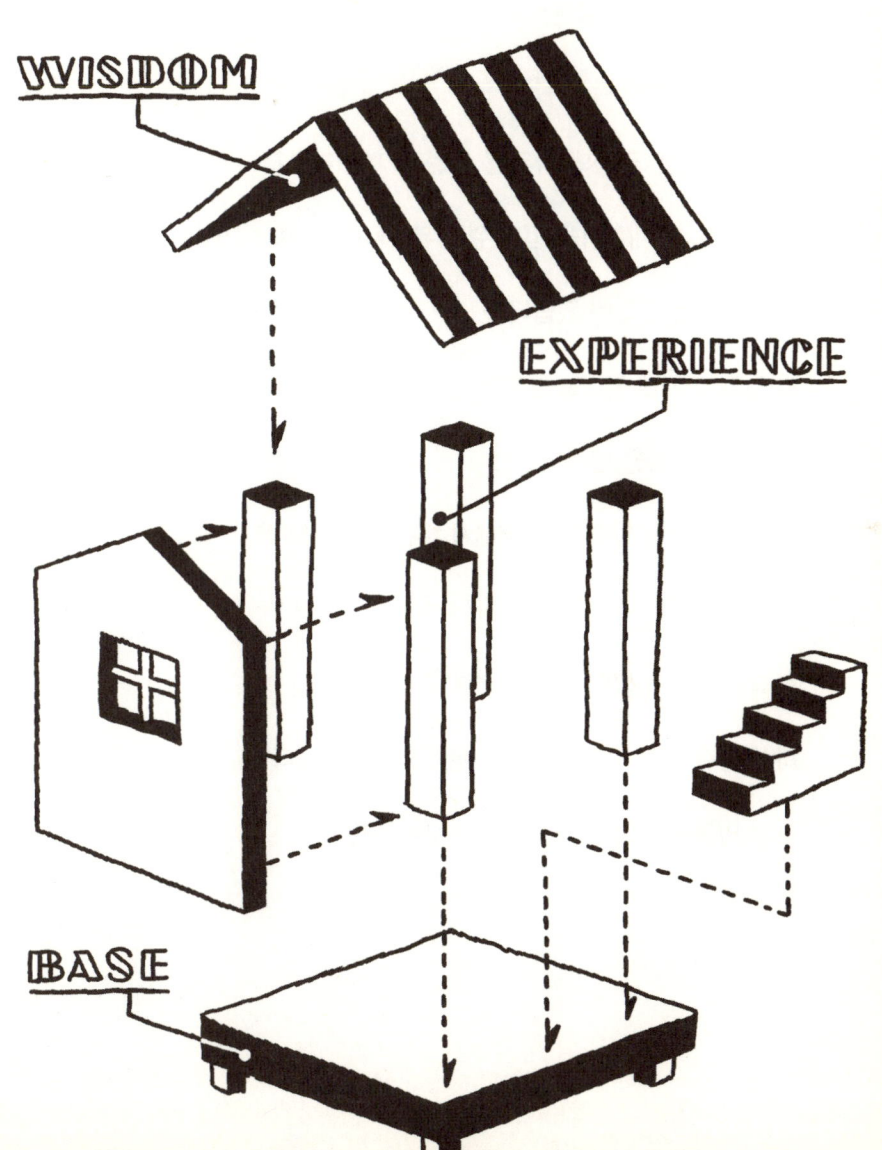

우리가 30대에 할 일은

'지키기', '굳히기'가 아니라

재현성이라는 '궁극의 자유'를 얻는 것 아닐까요?

저는 바로 그 재현성을 얻기 위해 무엇을 해야 하는지를

끊임없이 묻고 답해 왔습니다.

그 답을 여기에 풀어놓습니다.

여러분도 불안을 날려버리고

재현성을 얻을 힌트를 이 책에서 발견하기 바랍니다.

현재를 열심히 살면 설사 그 발자국이 사라진다 해도

다시 한번 걸을 수 있습니다. 재현할 수 있습니다.

그런 믿음을 가지고 책장을 넘기시기 바랍니다.

그럼, 한 가지 질문을 던져 보겠습니다.

당신은 왜 불

안한 걸까요?

사회생활

•1장• 당신이 불안한 이유

01 미래를 위해 현재를 산다면 ……34
02 지금 하는 일에 죽을힘을 다하고 있는가? ……39
03 돈이 많아야 한다는 생각 ……44
04 내일 죽어도 여한이 없는 삶 ……49
05 '여기서 인생이 결정 난다'는 착각 ……54
06 자신을 초기화하는 용기 ……58
07 오늘밖에 없다고 믿는 이유 ……63
08 올라가는 에스컬레이터에 멈춰 선 당신 ……67
09 선택지가 적으면 불리한 걸까? ……72
10 불공평한 경주에서 이기는 법 ……76

•2장• 인생이 너무 안 풀린다고요?

11 30대를 살려면 원칙이 필요하다 ……85
12 논리보다 감정의 힘이 더 세다 ……90
13 설렘으로 인생의 파도를 넘어라 ……94
14 얕은수는 먹히지 않는다 ……99
15 과도한 사명감은 금물이다 ……104
16 인생에 휘둘리지 말고 휘둘러라 ……108

· 3장 · 재현성을 키우는 법

17 실패하기 싫은 마음부터 버려라 ……116

18 절대로 지지 않는 단 한 가지 ……121

19 어울리는 사람을 바꿔라 ……126

20 못 하는 것은 행복한 일이다 ……131

21 '다 안다'는 착각 ……135

22 끼리끼리 어울려서는 성공할 수 없다 ……140

23 죽을힘을 다해서 달렸는가? ……146

· 4장 · 남의 시선이 신경 쓰일 때 나 자신에게 던지는 질문

24 콤플렉스를 뜯어고쳐야 할까? ……158

25 사람을 구분 짓지 마라 ……164

26 튀어봐야 소용없다? ……168

27 비밀을 버려라 ……173

· 5장 · 결국 나이가 들수록 전부를 걸만 한 일을 찾게 된다

28 설렘이 왜 중요한가? ……182

29 실패를 각오해도 좋을 일 ……186

30 희생이 좋지만은 않은 이유 ……189

31 시련도 받아들일 각오 ……193

맺음말 ……200

1

당신이 불안한 이유

"내일 죽을 것처럼 살고,
영원히 살 것처럼 배워라."

마하트마 간디(Mahatma Gandhi)

저는 미국에서 잘 다니던 대학을 중퇴했습니다. 그 일은 제 인생에 있어서 중요한 터닝 포인트입니다. 계기가 된 사건이 있는데 바로 대학에 입학한 직후에 뉴욕에서 발생한 9·11 테러였습니다. 당시 미국을 세계 최고의 나라라고 생각하던 저는 천지가 뒤집히는 충격을 받았습니다. 그리고 이런 생각을 했습니다.

'세상이 변하겠구나. 세계의 큰 틀이 변하겠구나.'

동시에 저는 세상이 변하는 모습을 생생하게 지켜보고 싶다는 생각도 했습니다. 그리고 무엇보다 제 손으로 변화를 일으키고 싶었습니다. 저는 미국 전역을 여행하기로 마음먹었습니다.

제일 먼저 찾아간 곳은 보스턴이었습니다. 왜 보스턴인가 하면 미국의 뿌리가 그곳에 있으니까요. 보스턴을 기점으로 버스를 타고 반년 동안 로스앤젤레스, 뉴올리언스 등 여러 도시를 돌아다녔습니다. 여행을 다니면서 9·11 이후에 무엇이 기존의 미국을 대체할 것인지, 그것을 찾으려 필사적으로 애썼습니다.

그러다가 불후의 명작이라 불리는 애플의 1997년 광고를 보게 되었습니다. 스티브 잡스(Steve Jobs)가 직접 더빙한 그 광고의 내레이션은 이렇습니다.

Here's to the crazy ones.
미친 자들에게 축배를!

The misfits.
부적응자들.

The rebels.
반항아들.

The troublemakers.
사고뭉치들.

The round pegs in the square holes.
네모난 구멍에 박힌 둥근 말뚝 같은 이들.

The ones who see things differently.
사물을 다르게 보는 자들.

They're not fond of rules, and they have no respect
for the status quo.
그들은 규칙을 싫어하고 현상 유지에는 관심이 없다.

You can quote them, disagree with them, glorify and vilify them.
당신은 그들의 말을 인용할 수도 있고, 그들에게 동의하지 않을 수도 있으며,
그들을 찬양하거나 비난할 수도 있다.

But the only thing you can't do is ignore them.
그러나 절대 그들을 무시할 수 없다.

Because they change things.
그들이 세상을 바꾸기 때문이다.

They push the human race forward.
그들은 인류를 전진시킨다.

And while some may see them as the crazy ones, we see genius.
어떤 이는 그들을 미치광이라 부르지만, 우리 눈에 그들은 천재다.

Because the people who are crazy enough to think they
can change the world, are the ones who do.
자신이 세상을 바꿀 수 있다고 믿는 미친 자들이야말로
정말 세상을 바꾸는 자들이니까 말이다.

— 애플의 광고 'Think different' 중에서

저는 대학을 중퇴했지만 후회하지 않았습니다. '지금' 움직이지 않으면 내일의 내가 없을 것이라고 생각했기 때문입니다. 지금을 소중하게 여기지 않으면 미래는 없습니다. 저는 세상을 바꾸기 위해서 미래가 아닌 현재를 살자고 생각했습니다. 이제부터 꿈도, 미래도 없던 과거부터 지금에 이르기까지 제가 저 자신에게 줄곧 묻고 답하는 '현재'에 관해 이야기하겠습니다.

미래를 위해 현재를 산다면

이런 말 들어보셨습니까? '끊임없이 변화하는 자만이 살아남는다. 강한 자도 아니고, 똑똑한 자도 아니다. 살아남는 자는 변화하는 자다.' 저도 부단한 변화를 아주 중요하게 생각하는 사람 중에 하나입니다.

저는 사람의 변화에는 두 종류가 있다고 생각합니다. **하나는 깊이이고 또 하나는 넓이, 즉 폭입니다.** 뭔가에 깊이 몰두하고 파고들면 깊이가 생깁니다. 그리고 세상의 다양한 면을 알아가다 보면 폭이 넓어지지요. **깊이는 문제를 해결하는 힘이 되고, 넓이는 사물을 다각적으로 파악하는 힘이 됩니다.**

끊임없이 변화하려면 '끝까지 해내는 자세'가 중요합니다. 사람들은 대개 미래를 걱정하고 과거를 후회하느라 지금 이 순간을 살지 못합니다. 눈앞에 집중해야 할 대상이 있는데도 딴 데 정신이 팔린 경우가 적지 않은 것입니다. 이미 지나간 일을 후회하느라 여념이 없죠.

과거를 후회하는 이유는 그 당시의 '현재'를 제대로 살지 못했기 때문입니다. 그리고 미래가 걱정되는 이유는 '현재' 하는 일에 자신이 없기 때문입니다. 그래서는 안 됩니다.

관건은 바로 '현재'입니다. '현재'를 제대로 살아내지 못하면 다음으로 나갈 수가 없습니다.

'현재'를 있는 힘껏 충실하게 살아야 합니다. 지금 눈앞에 있는 사람에게 최선을 다해야 합니다.

저는 언제나 그 순간의 '현재', 눈앞에 있는 일에 최선을 다했습니다. 이것만큼은 자신 있게 말할 수 있습니다.

예를 들어서 여행이 그랬습니다. 저는 시골이 그리워서 미야자키로 이주한 적이 있습니다. 이때 정말 질릴 정도로 바다에서만 살았습니다.

그래서 지금은 여행이나 바다에 대해서 원이 없습니다. 여행과 바다가 주는 즐거움, 감동을 제 몸이 기억하고 있기 때문입니다. 순간순간 최선을 다했기 때문에 지금은 눈앞의 일과 그 일이 주는 즐거움에 집중할 수 있다고 생각합니다.

여행을 떠나고 싶거나 여름이 오면 꼭 바다에 가야 한다는 생각이 듭니까? 그것도 인생의 짐입니다. **하고 싶을 때, 기회가 있을 때**

전력을 다하고 나면 더는 짐이 생기지 않습니다.

살다 보면 시련, 재난뿐만 아니라 온갖 우발적인 불행이 인생길을 가로막을 때가 있습니다. 그럴 때도 두 눈을 똑바로 뜨고, 정면으로 부딪쳐야 합니다. 고통스러울 것 같지만 절대로 고통만 남지는 않습니다. 그 시간을 통해서만 느낄 수 있는 무언가가 남을 것입니다. 그래서 저는 힘든 순간을 겪으면서도 즐거움을 찾으려고 합니다.

예전에 미국과 멕시코의 국경에서 불법 입국자라는 오해를 받고 감옥에 들어갔다 온 적이 있습니다. 그때 저는 너무 두려웠습니다. 잠깐이었지만 우락부락한 사내들 틈에 끼여 시간을 보내야 했으니까요. 위기일발의 연속이었으나, 지금 돌아보면 제 삶에서 가장 재미있는 일화로 남았습니다.

돌이켜보면 그때 영화 속 주인공이 된 기분이었고 오로지 그 순간을 만끽해야겠다는 생각만 했던 것 같습니다. 그렇게 철저하게 온몸으로 느끼고 겪은 사람만이 인생의 중요한 장면을 만들 수 있지 않을까요?

사람은 누구나 자신의 인생에 불행이 일어나지 않기를 바랍니다. 하지만 이미 일어난 불행이라면 철저하게 맛보는 게 좋습니다. 불행이 당신을 삼키도록 놔두지 마십시오. 오히려 적극적으로 그 불행 속으로 뛰어드는 편이 낫습니다.

그러고 나면 분명 가뿐한 몸과 마음으로 다음 단계로 나갈 수 있을 것입니다.

조언 01 지금에 만족하지 마라! 진화하는 자만이 살아남는다.

지금 하는 일에 죽을힘을 다하고 있는가?

제 인생에서 가장 큰 전환점을 꼽으라면 필사적으로 공부해서 합격한 명문 사립 고등학교를 그만둔 일을 들겠습니다. 고등학교 생활은 남들이 보기에는 순조로웠습니다. 성적도 좋았고 1학년 때는 농구부의 학년 주장을 맡아 대회에서 우승을 거두는 데 일조했습니다.

하지만 그 모든 것이 왠지 지루했고, 학교에 다니면서 제가 하고 싶은 일을 찾기 어려웠습니다. 마음속에서는 점점 학교와의 거리감이 커졌습니다. 그러다 결국 아무도 주목하지 않는 일반 공립 고등학교로 옮겼습니다.

만약에 그때, 어렵게 들어간 명문 학교라고 해서 억지로 계속 다녔다면 어땠을까요? **지금도 자리에만 연연하는 인생**을 살고 있을 수 있습니다. 그러니까 '그만둘 수 있는 용기'가 있었다는 것이 얼마나 다행인지 모릅니다.

자기 힘으로 일구어낸 성과라 할지라도, 도중에 '이건 아니다'라거나 '여기서 얻을 건 다 얻었다'라는 생각이 들면 집착하지 말고 그만둘 수 있어야 합니다. 과감하게 중단하고 새로운 길로 방향을 선회하라는 말입니다. 그런 용기가 우리 모두에게 필요합니다.

그때까지 쌓아온 성과가 아깝다는 생각도 들겠지만, 걱정할 필요 없습니다. 왜냐하면, **있는 힘껏 달린다면 전과 같은 결과를 얻을 수 있기 때문입니다. 그것이 바로 재현성입니다.** 화학에서는 실험 조건을 동일하게 했을 때 동일한 현상이 나타나고 동일한 실험이 동일한 결과를 낳는 경우에 '재현성이 있다'고 말합니다. 저는 **조건과 상황이 달라질지라도 전과 같은 결과를 얻을 수 있는 나만의 실력, 힘을 재현성**이라고 일컫습니다.

제가 경험한 '재현성'에 대해서 더 자세히 이야기해보겠습니다. 제 인생의 전환점은 큰 병을 얻으면서 찾아왔습니다. 저는 당장 죽을 것 같은 생각에 글로벌 기업 델(DELL)에서 제일 잘 나가는 영업사원이라는 타이틀을 버렸습니다. 그리고 세계 여행을 떠났습니다. 일본으로 돌아올 시기도 정하지 않았습니다. 무작정 여행만 할 생각이었죠.

그런데 여행 중에 제 동생이 식물인간 상태가 됐다는 소식을 전해 들었습니다. 여행은 갑자기 중단됐습니다. 동생을 생각하면, 더는 여행을 하고 있을 수 없었습니다. 퇴사 후에 2년 만에 일본으로 돌아왔습니다. 다행히 델은 저를 전보다 훨씬 높게 평가해 주었고, 저는 일을 다시 시작했습니다.

사실 저는 그때 예전 업무에 관해 거의 다 잊어버린 상태였습니다. 보고서도 제대로 꾸밀 수 없었으니 말입니다. 그런데 3개월 정도 지나자 영업 챔피언 자리를 되찾을 수 있었습니다. 2년에 걸친 공백기를 극복할 수 있는 힘, 그것이 바로 '재현성'이라고 생각합니다.

새로운 일을 시작하고 싶어 하면서도 현재 자신에게 주어지는 업무나 지위를 버릴 수 없어서 고민하는 사람이 많습니다. 그런 사람들은 '이직이 무섭다'고 말합니다. 그리고 지금 하는 일에 가슴이 설레지 않는데도 무서워서 그만두지 못하고 집착합니다. 그저 현실에 안주할 수 있다는 이유로 흥미를 잃은 일에 계속 연연하는 것입니다.

그런데 재현성만 체득한다면 연연할 필요가 없어집니다. 또 언제든지 무(無)에서 새로 시작할 수 있다는 자신감이 있기 때문에 집착하지 않게 됩니다. 그래서 **저는 일에 집중하되 집착하지 않으려 합니다.** 갑자기 모든 것을 잃는다 해도 전혀 두렵지 않습니다.

여러분도 '지금 가진 걸 잃으면 어떡하나?' 하는 두려움에 떨기보다 현재 하는 일을 죽을힘을 다해 해내세요. 언제든지 그 능력을 재현해낼 수 있는 근본적인 실력, 재현성을 쌓으십시오. 그게 훨씬 이득이고, 훨씬 자유롭게 살 수 있는 길입니다. 언제까지나 가슴 설렘을 느끼면서 꿈에 다가갈 수 있는 지름길입니다.

조언 02 　과거나 미래에 연연하기보다 실력을 갖추는 것이 우선이다.

03

돈이 많아야 한다는 생각

사람은 누구나 자신이 언제 죽을지 알 수 없습니다. 나이, 건강상태와 무관하게 누구나 그렇습니다. 저는 스무 살 때, 죽음을 각오해야 하는 심각한 질환이라는 진단을 받았습니다. 수입도 올랐고, 앞으로 승승장구할 수 있겠다는 믿음이 생긴 직후에 일어난 청천벽력 같은 일이었습니다.

진단서를 받아 들고 '내가 내일 죽는다면 오늘 어떻게 행동해야 할까?'를 따져 봤습니다. '오늘 하고 싶은 일, 가슴 뛰는 일을 해야겠다'는 결심이 섰습니다. 그 결심은 제 인생의 신조가 되었습니다.

'내일 죽을 것처럼 살고, 영원히 살 것처럼 배워라(Live as you were to die tomorrow. Learn as if you were to live forever).'

마하트마 간디가 남긴 말입니다. 이 말처럼 하루하루가 인생의 마지막 날이라 생각하고 있는 힘껏 달렸습니다. 그렇게 인생의 불확실성을 절실히 느끼고 나서부터 저는 **'내일 죽어도 여한이 없는 삶'**을 살아왔습니다.

가슴이 뛰지 않는 일을 할 만큼 한가한지 자신에게 물어보십시오. 내일 죽을지도 모른다고 생각하면 원하지도 않는 일에 시간을 낭비할 수 없을 것입니다. 오늘이 전부니까 내일을 생각할 필요 없이 오늘에 전념해야 하지요. 그런데도 사람들은 내일에 대한 걱정으로 머릿속을 가득 채우고 삽니다.

돈에 관해서도 그렇습니다. 은행 계좌에 500만 원이 들어있다고 생각해 보십시오. 오늘의 삶만 생각하면 아주 큰돈입니다. 다 쓰기도 부담스러운 금액입니다. 하지만 1년 동안 쓸 돈이라고 생각하면 불안한 금액입니다. 더욱이 노후까지 고려하게 되면 공포심마저 드는 적은 돈입니다.

노후에 대한 고민이 커지면 지금 가진 500만 원을 가능한 한 빨리 3억 원으로 만들고 싶어 안달이 나는 것이 당연합니다. 어서 2억 9500만 원을 불려야 한다는 강박관념에 빠질 수도 있습니다. **그래서는 오늘을 즐기며 살 수가 없습니다.**

오늘에만 초점을 맞추면 됩니다. 수중의 500만 원은 오늘을 충만하게 사는 데 넉넉한 돈입니다. **만약 돈을 모으고 싶다면 500만 원을 510만 원으로 만드십시오.** 갑자기 3억 원으로 불리겠다는 필사적인 몸부림이 아니라 10만 원 늘릴 궁리만 하면 오늘에 충실한 삶이 방해받지 않을 것입니다. 오늘에 초점을 맞춘다는 것은 그런 의미입니다.

시대는 변하고 상황도 변합니다. 자기 자신도 변합니다. 게다가 애당초 자신에게 노후라는 시간이 주어질지 어떤지조차 알 수 없습니다. 그러니 오늘이라는 하루 단위로 인생을 잘라서 생각해 보십시오. 오늘 할 수 있는 일을 오늘 하십시오. 소중한 사람에게 고맙다는 인사를 하고, 걱정되는 사람에게 전화를 거는 겁니다.

마음에 걸리는 일, 인생에 짐이 되는 일이 있다면 오늘 모두 처리하고 말입니다. 그러면 언제 무슨 일이 일어나도 후회 없는 인생을 살 수 있습니다. 그리고 오늘 그 일을 완전히 해냄으로써 재현성 있는 실력이 내 몸에 붙게 될 것입니다.

| 조언 03 | 미래에 대한 걱정들로 발버둥 치지 마라. 오늘을 놓치는 지름길이다. |

내일 죽어도 여한이 없는 삶

각종 매체에서 소개되는 성공 비법을 보면 '훗날 꿈을 이룬 자신의 모습을 떠올려 보라'는 조언이 자주 등장합니다. 상상의 힘이 현실을 뒤바꾼다는 논리입니다. 그런데 저는 **그 말을 그대로 믿어서는 안 된다**고 생각합니다. 자기 수행이 잘 된 극히 일부 사람들은 그럴 수 있을지 모르겠습니다만, 대부분은 10년 후, 20년 후를 세밀하게 그리기가 쉽지 않습니다.

게다가 아무리 절실한 바람이라도 자신의 성공을 100% 확신하며 상상하기는 더 어렵습니다. 보통은 '내가 할 수 있을까?'라는 부정적 잡념이 끼어들기 때문입니다. 불안감을 떨치지 못하고, 믿음이 부족하면 행동도 변하지 않습니다. 결국, 상상은 상상으로 끝나기 십상입니다.

상상에 빠져있을 때 사람들은 대부분 그 화려한 이미지에 홀딱 취하게 됩니다. 냉정한 소리일지 몰라도 이미지에 취해 자기만족을 얻으면서 현실에서 도피하는 사람도 많습니다. 도피는 편합니다. 하지만 편한 길을 택해서는 안 됩니다. 그러는 사이에 정말 자신이 가야 할 길에서는 멀어지게 되니까 말입니다. 그것은 **'내일 죽어도 여한이 없는 삶'**과는 너무도 다른 삶입니다.

절실히 바라면 꿈이 실현된다는 말은 옳다고 생각합니다. 제게도 그런 경험이 있습니다. 하고 싶은 일이 있으면 그것을 실현하기 위해 자신의 수준을 높이는 것도 중요합니다. 하지만 수준을 높이려면 시간을 들이고 단계를 밟아야 합니다.

첫 번째 단계는 '**지금, 이 순간**' 자신이 최고로 빛나는 삶을 사는 것입니다. 눈앞의 일에 완벽하게 집중하고, 힘을 쏟고, 열심히 즐기십시오. **빛나는 미래를 세밀하게 그리려 애쓰기보다 우선은 오늘 하루를 즐겁고 충만하게 살아야 합니다.**

그다음에는 한 주를 즐겁게 살고, 그다음에는 한 달, 석 달, 1년……. 그렇게 즐겁고 충만하게 사는 기간을 늘리는 겁니다.

오늘 하루를 온 힘을 다해 행복하게 살 수 없는 사람이 10년 후의 행복한 자신을 의심 없이 떠올릴 수 있을 리가 없습니다.

그렇다고 제가 미래의 큰 비전을 그리라는 조언을 무시하고 부정하는 것은 아닙니다. 꿈을 꾸는 것은 중요합니다. 비전이 없으면 아무도 꿈에 다가갈 수 없습니다. 비전은 이른바 '**컴퍼스**'와 같은 거라 생각합니다. 1년 내내 신경 쓸 필요는 없다는 말입니다. 가끔 떠올리면서 자신이 가고 있는 방향이 맞는지 확인할 수만 있으면 됩니다. 나침반의 바늘이 가리키는 방향에 온종일 딱 맞춰서 살아야 하는 것은 아니라는 것입니다. 때로는 왔다 갔다 하면서 계획을 벗어난 큰 모험을 할 수도 있어야 인생의 참맛을 느낄 수 있습니다. 그러다가 가끔 나침반을 보고 조금씩 궤도를 수정하면 충분합니다.

자신의 미래상을 어떻게 잡고 있는지 질문을 받으면 저는 '지금과 똑같다'고 답합니다. 하는 일, 생각하는 일의 내용은 변하겠지만, 언제나 주위 사람들을 소중히 여기고 '지금, 이 순간'을 100% 살아내려 하는 자세는 일관되게 유지할 생각이니까 말입니다. 저는 '내일 죽어도 여한이 없는 삶'을 숨 쉬는 마지막 순간까지 살아낼 것입니다.

조언 04	미래를 생각한다면 '지금, 이 순간'을 최고로 빛나는 순간으로 만들어야 한다.

05

'여기서 인생이 결정 난다'는 착각

목표를 세우고 그 목표를 달성하기 위해서 노력하는 사람, 큰 꿈을 가지고 그 꿈을 이룰 때까지 분투하는 사람은 칭찬받아 마땅합니다. 하지만 만약 도중에 '이건 아니다.' 싶은 생각이 들면 용기 있게 궤도를 수정할 줄도 알아야 합니다.

꿈이나 목표를 이루겠다고 다짐하고, 주위에 선언했다고 해서 그에 얽매여 고통스러운 시간을 보내서는 안 되니까 말입니다. 시간이 흘러서 꿈이 싹트고 목표를 세웠던 순간의 열정이 사라질 수도 있습니다.

그럴 때 '지금, 이 순간'의 자신이 빛나지 않는다는 생각이 들면 다른 길을 찾아야 합니다.

저는 꿈이나 목표가 무거운 짐이 되어서는 곤란하다고 생각합니다. 그렇게 생각하게 된 계기가 있습니다. 불가항력으로 인해서 인생 계획이나 결심이 틀어졌던 경험을 여러 번 하면서였습니다. 9·11 테러로 인해서 '미국이 이 세상의 중심'이라 믿었던 세계관이 송두리째 뒤집혔던 것도 이러한 경험에 속합니다.

또 사업이 최고조기에 달했을 때 큰 병을 앓은 일도 있습니다.

'내가 지금 옳게 살고 있는가?'를 고민하면서 인생을 처음부터 다시 점검해야 하는 상황도 겪었습니다. 세계를 돌아다니며 여행을 하던 중에는 사랑하는 동생이 식물인간 상태에 빠졌다는 비보를 전해 듣기도 했습니다. 저는 그때 갑자기 모든 계획을 뒤엎어야 했습니다.

인생은 우발적 사건, 사고의 연속이었습니다. 많은 일을 겪다 보면 제일 먼저 **'앞으로 이렇게 되었으면 좋겠다'는 바람에 집착해서는 안 되겠다**는 생각을 하게 됩니다. 인생은 우리가 아무리 훌륭한 목표를 세웠다 한들, 생각지도 못한 어떤 힘으로 인해서 일순간 방향이 틀어집니다. 우리를 둘러싼 상황뿐만 아니라 세상 자체가 뒤바뀔 수도 있습니다. 미국에서 9·11 테러가 터진 것처럼 말입니다. 그럴 때는 계획대로 가겠다고 억지로 밀어붙이면 괴로움만 느끼게 됩니다.

그러니 30대가 되었다고 해서 **'여기서 내 인생이 결정 난다. 앞일은 미리 대비하고 미래를 정해두어야 한다'라는** 생각은 하지 않아야 합니다. 장차 무엇이 어떻게 바뀔지 알 수 없는 노릇인 데다가 인생을 크게 볼 때, 미리 정해놓는 미래가 그리 대단한 모습일 리도 없습니다. 게다가 상황만 변하는 것이 아니라, 우리의 마음도 변할 수 있습니다.

저는 저를 믿지 않습니다. 아니, **저 자신에 대한 믿음은 있지만 '절대 변하지 않는 나'를 믿지 않는다**는 말이 맞겠습니다.

조금 더 자연스럽게, 더 유연하게, 더 단순하게!

'지금은 이렇게 생각하지만, 나중에 바뀔 수도 있다'고 유연하게 생각해야 모든 것이 순리대로 흐를 것입니다.

조언 05 | 이룰 수 없는 꿈에 매달리지 마라. 어떤 경우에도 대응할 수 있는 유연성을 길러라.

06

자신을 초기화하는 용기

저는 여행할 때 가능한 한 짐을 적게 꾸립니다. 그래야 홀가분하게 돌아다닐 수 있기 때문입니다.

여행뿐 아니라 삶에서도 짐은 적을수록 좋습니다. 컴퓨터를 예로 들어봅시다. 컴퓨터의 하드웨어는 일반적으로 속도가 느린 장치입니다. 그에 비해 중앙처리장치(CPU)는 대단히 속도가 빠르지요. 그 속도의 차이를 해결해서 기본 처리장치의 속도를 빠르게 만들어 주는 고마운 장치가 바로 캐시메모리입니다. 그런데 컴퓨터를 쓰다 보면 그 캐시메모리의 용량이 점점 줄어듭니다. '컴퓨터가 좀 이상하다'는 생각이 들기 시작한 순간에는 이미 속도가 눈에 띄게 느려져 있는 데다가 바이러스에 감염된 경우도 종종 발견할 수 있습니다.

일상생활에서도 어깨 위에 놓인 짐의 무게가 나도 모르게 불어나 있는 사실에 놀라는 경우가 종종 있습니다. 그래서 **때로는 어제까지 짊어지고 있던 짐, 어제까지의 나를 대담하게 '초기화'하는 작업이 필요합니다.**

사람들은 대부분 인생이라는 여행을 하는 동안 많은 짐을 보유하고 싶어 합니다. 그래야 여차하는 순간에 안심할 수 있기 때문일 겁니다. 저도 예전에는 그랬습니다. 그런데 사실 눈앞의 일을 즐길 줄만 안다면 이후의 여정은 어떻게든 열리는 법입니다.

눈앞에 닥친 '지금, 이 순간'에 집중하려면 짐은 적을수록 좋습니다. 그래야 기회가 왔을 때 가볍게 온몸을 내던질 수 있습니다. 무거운 백 팩을 지고 다닐 때는 바로 앞에 넓고 푸른 바다가 펼쳐져 있어도 '누군가가 내 짐을 건드리면 어쩌나?' 하는 생각에 주위부터 경계하기 마련입니다. 챙길 짐이 많다 보면 모처럼 찾아온 버스를 놓치고, 다음 버스를 기다리느라 하염없이 시간만 보낼 수도 있습니다. 그래서는 인생이라는 여행을 즐기기 어렵습니다. 내일 죽더라도 후회 없는 인생을 살아야 하지 않겠습니까?

짐에는 '일정'도 포함됩니다. 정해진 시각까지 반드시 마쳐야 하는 일정은 눈에 보이지 않는 짐입니다. 또 무언가를 향한 집착도 짐이 됩니다. 저는 여행을 하는 동안 여행 안내서를 보지 않고 될 수 있으면 명소로 알려진 곳에는 가지 않습니다. 만나는 사람마다 그런 저를 보고 놀라기 일쑤였습니다. 저는 '이건 꼭 봐야 해.' 또는 '거기는 가 보는 게 좋겠다'라는 틀에 박힌 생각에 얽매이지 않으려

했습니다. 그것도 짐이라고 느꼈기 때문입니다.

꼭 가야 한다고 마음먹으면 안내서와 눈싸움하는 사람처럼 책에서 눈을 떼지 못할 것입니다. 계획보다 일정이 늦어지면 자연히 불안해집니다. 그런 식으로는 지금 눈앞에 있는 광경을 결코 제대로 즐기지 못합니다. 그건 정말 안타까운 일입니다.

젊을 때와는 달리 30대, 40대가 되면 책임도 늘어납니다. 그런데 책임이 는다고 해서 짐이 무거워질까 봐 걱정할 필요는 없습니다. 책임이 짐처럼 느껴지는 이유는 부자연스럽게 짊어지기 때문입니다. 억지로 떠안으면 불만도 생기고 자칫하면 움직이는 데 제약이 따를 수도 있습니다.

그러나 책임을 자신의 일부로 받아들이면 절대 짐이 되지 않습니다. 자신의 일부로 받아들인다는 것은 해야 할 일을 이해하고 그 일을 보면서 가슴이 뛰는 상태를 말합니다. 그런 상태에서는 '자유와 책임'이 자기 안에서 양립하게 되죠.

조언 06 언젠가는 쓸거라 생각하며 짊어지고 가는 짐은 좋은 것이 아니다. 홀가분하게 버려라!

07

오늘밖에 없다고 믿는 이유

새로운 영역에 뛰어들 때, 또는 대담하게 자신의 가능성을 키우기 위한 도전을 할 때 사람은 설렘과 긴장감을 동시에 느끼기 마련입니다.

그럴 때 무엇보다 중요한 것은 '**기존의 상식 버리기**'입니다.

기를 쓰고 실적을 올리는 영업사원이 있었습니다. 우수한 실적 덕에 다른 회사에 스카우트됐습니다. 그런데 새 회사에서는 실적이 오르지 않았습니다. 본인은 이전과 다를 바 없이 노력하는데 왜 실적이 오르지 않는지 도통 알 길이 없었습니다.

원인은 무엇이었을까요? 아마 '**전과 같은 방식으로 일했기 때문**'일 가능성이 가장 클 것입니다. 일부러 그랬을 수도 있고, 자기도 모르는 사이에 그랬을 수도 있습니다. 그런 경우 사람들은 대부분, 전에 다니던 회사에서 성공을 거두었으니 이번에도 같은 방식이 통할 거라고 믿어 의심치 않습니다. 어제까지의 자신을 버리지 못하는 것입니다.

하지만 그 방식이 더 통하지 않는다는 사실을 확인했다면, 이제 그 영업사원은 자기 자신을 변화시켜야 합니다. 다시 말해서 새 회사의 방향성과 흐름을 알고, 그에 맞는 방식으로 일해야 한다는 것입니다. 회사에 따라 방향성은 각기 다르고, 시류도 시시각각 변하고 있습니다. 그러니 **생각을 뜯어고치고 새로운 회사에서 성공을 일구어낼 새 열쇠를 찾아내는 것이 급선무**라 하겠습니다.

생각을 완전히 뜯어고치기란 참 어렵습니다. 저도 어제까지의 자신을 못 버렸다는 것을 깨닫고 당황할 때마다 그 어려움을 절실히 느낍니다. 그렇지만 우리가 무언가를 새로 시작하려 할 때, 새 환경에서 좋은 결과를 얻으려면 과거를 버리고 완전히 새로 태어날 필요가 있습니다. 신기하게도 성공을 체험한 사람들은 모두 그렇게 말합니다.

아무리 공들여 얻은 수확이 있을지라도 잠시 한 곁으로 밀쳐둘 필요가 있다는 것입니다. 그렇지 않으면 주위와 점점 어긋나는 낭패를 보게 될 것입니다. 어제의 성공에 기대서도 안 되지만, **어제의 실패가 오늘에 영향을 주게 해서도 안 됩니다.**

어제는 내 능력 밖이었지만 오늘은 가능할지도 모르지 않습니까? 어제 통용되지 않던 방식이 오늘은 유용할 수도 있습니다.

언제 무슨 일이 일어날지 모르는 것이 인생입니다. 어쩌면 우리는 내일 죽을지도 모릅니다.
그러니 언제나 '오늘밖에 없다'는 생각으로 살아야 합니다.
그렇게 하면 '어제까지는 그랬다'는 지나간 사실을 곱씹는 의미가 없어집니다.
그래서 '지금, 이 순간, 최고의 내가 되자'는 생각으로 눈앞의 일에 전력을 다하게 됩니다.
오늘은 오늘 할 수 있는 최선을 다하면 됩니다. 사람이 할 수 있는 일은 그것밖에 없습니다. 그렇게 오늘에 최선을 다해야만 최고의 결과를 내놓을 수 있습니다.

조언 07 새로운 세계에 뛰어들 때는 어제까지의 자신을 버려라!

올라가는 에스컬레이터에 멈춰 선 당신

인생에 있어서 도전이란 무엇일까요? 저는 인생의 도전이 **'내려가는 에스컬레이터에 타고 위를 향해 뛰어 올라가는 것'**이라 생각합니다. 내려가는 에스컬레이터에 탄 사람이 자신의 위치를 한 단계 끌어올리려면 에스컬레이터가 내려가는 속도보다 빠르게 뛰어 올라가야 합니다.

가만히 서 있기만 해도 저절로 아래로 내려갈 수밖에 없습니다. 어쩔 줄 모르고 어물거리다가는 순식간에 아래층에 도달할 것입니다. 에스컬레이터 한 층을 80% 정도 뛰어오르면 위쪽 계단참에 선 사람들이 시야에 들어오기 시작합니다.

바로 그때 우리는 그 사람들과 자신이 같은 입장이라고 착각하는 실수를 저지르기 쉽습니다. 하지만 그들과의 **거리가 조금 가까워졌다고 해서 안심하고 속도를 늦춰서는 안 됩니다.** 그러는 순간 점점 아래로 떨어지기 때문입니다.

계단참으로 완전히 올라서는 마지막 한 걸음까지 죽을 각오로 노력하고, 밀어붙이는 것이 중요합니다. 그렇게 자꾸 오르고, 성장해 나가다 보면 틀림없이 자신에게 맞는 높은 자리에 오를 것입니다.

계단 위에 보이는 계단참은 쉬고 있어도 아래로 떨어지지 않는

안심 지역입니다. 인생에서도 계단 하나를 오를 때마다 그런 평온한 시기가 찾아옵니다. 사람들은 그때마다 기뻐하며 천천히 한숨 돌리는 여유를 맛봅니다. 쉬는 동안에는 실컷 놀 수도 있고, 그다음에 무엇을 할지 자유로운 상상에 빠질 수도 있습니다. 계단참에서 쉬고 있어도 일단 자신의 피와 살이 된 실력은 없어지지 않을 테니 염려할 필요 없습니다. 계단 하나를 오른 근육에는 그만큼의 재현성이 쌓이기 때문입니다. 쉬다가 다시 도전하고 싶은 마음이 생기면, 위를 향해 뻗은 무수한 에스컬레이터 중에서 자신이 오를 에스컬레이터를 찾으면 됩니다.

에스컬레이터에는 여러 종류가 있습니다. 길고 빠른 에스컬레이터가 있는가 하면 짧고 느린 에스컬레이터도 있고, 폭도 넓은 것, 좁은 것이 있습니다. 또 위로 올라가려는 사람이 동시에 여럿 달려드는 경우도 있습니다. 어떤 에스컬레이터를 오를지는 오롯이 자신의 선택에 달렸습니다.

중요한 것은 지금 자신이 오르려 하는 에스컬레이터의 성격을 이해하는 것입니다. 그리고 계단참까지 진지하게 쉬지 않고 오르도록

전력을 다하는 것입니다. 멈춰 서면 아래로 내려간다는 사실을 잊어서는 안 됩니다. 한눈팔지 말고 지금 하는 일에 열심히 매달려야 합니다.

물론 끝없이 오를 수만은 없습니다. 그래서 에스컬레이터를 오를 때와 계단참에서 쉴 때를 판단하고 적절한 순간에 휴식할 필요가 있습니다. 열심히 오르는데도 그 속도가 에스컬레이터가 내려가는 속도와 같다면 아무리 올라도 계단참에 도달할 수 없습니다. 계속 같은 높이에서 에너지만 소모할 뿐이지요. 힘든 만큼 결실을 보지 못한다는 말입니다. 그렇게 되지 않도록 계단을 오를 때는 단숨에 오르고, 쉬겠다고 마음먹었다면 속박에서 벗어나 마음껏 쉬어야 합니다. 그 두 종류의 시간이 있어야 인생이 즐겁습니다.

| 조언 08 | 인생은 내려가는 에스컬레이터다. 우두커니 서 있지 말고 뛰어 올라라. |

선택지가 적으면 불리한 걸까?

저는 살면서 제 인생이 위태롭다고 느낀 적이 두 번 있습니다. 한 번은 10대 때였습니다. 고등학교 입시에서 모조리 낙방했죠. 결국 미국에 있는 고등학교로 유학을 갔는데, 열심히 노력한 덕에 1년 만에 고등학교 과정을 마칠 수 있었습니다.

두 번째는 고향으로 돌아왔던 때였습니다. '내가 얼마나 성장했는지 보여주마!'라는 자신감이 하늘을 찌를 듯했습니다. 하지만 사회가 어떻게 살아가야 할지 막막함만 안겨주는 큰 벽처럼 느껴졌습니다.

그 두 번의 체험은 이제 세상 무엇과도 바꿀 수 없는 보물이 됐습니다. 패배를 맛보았을 때 사람들이 빠지기 쉬운 함정은 '나는 바보다', '나는 안 돼'라는 착각입니다. 바보일 수도 있고, 절대 잘 될 수 없는 사람일 수도 있습니다. 하지만 그 어떤 경우에도 풀 죽지 않고 눈앞의 일에 집중해야 합니다. 그러면 상황을 뒤집어놓을 힘이 생기는 법입니다.

일이 잘 풀리지 않을 때 낙심하지 말고 지금껏 해온 노력 이상으로 눈앞의 일을 담담하게, 계속해 나가는 것이 중요합니다. 그래야 남들과 달라집니다. 저에게는 패배자의 낙인을 달아본 경험이 있습니다. 경쟁에 지고 비참함을 느끼면서 깨달았습니다. **시간은 절대 만인에게 평등하지 않다는 것을 말입니다.**

사람들은 '하루 24시간은 모두에게 공평하다'고 합니다. 반은 맞는 말이지만, 반은 틀린 말입니다.

시간은 모두에게 균등하게 분배된 것처럼 보이지만, 사실은 그렇지 않습니다. **남이 게으름 피우는 동안에 피나는 노력을 하면 단 1년 만에도 3년 치의 진보를 이룰 수 있습니다.** 그것은 눈앞의 일에 몰두하고 열중하는 데서 시작합니다. 무슨 일을 하건 두 배, 세 배 농도 짙게 입력하도록 노력해야 합니다.

일이 잘 안 풀릴 때는 잘 될 때보다 선택지가 적습니다. '이 길밖에 안 남았다'거나 '이렇게 할 수밖에 없다'고 생각될 때가 많은 것입니다. 제 인생도 남들 눈에는 '제 하고 싶은 대로 하고 사는' 것처럼 보였겠지만, 사실 알고 보면 **'달리 선택지가 없어서' 선택한 길의** 연속이었습니다. 그래도 그때마다 눈앞의 일을 열심히 했기 때문에 지금의 제가 있습니다.

델에 다니던 시절, 한 상사가 이런 이야기를 했습니다.

"눈앞의 일을 철저하게 해라. 끝까지 해내라. 반드시 기회가 온다. 잠자코 그때를 기다려라."

선택지가 없다는 것은 결코 불행한 상황이 아닙니다.

결혼만 해도 그렇습니다. '아! 그 사람이 좋았는데……'라고 비교하고 고민하기보다 '나에게는 이 사람밖에 없다'라고 결론 내릴 수 있어야 현명하게 사랑할 수 있기 때문이 아닐까요?

일도 마찬가지입니다. '이 길밖에 없다'는 절망적인 선택이었다 할지라도 그 안에서 조금씩 열정을 느끼고 열심히 해 나간다면 언젠가는 '이 일을 하기를 잘했다. 이게 정답이었다.'라고 말할 수 있게 될 것입니다. 모두 자기 자신에게 달린 일입니다.

조언 09   눈앞의 일을 완벽하게 하면서 기다려라! 반드시 기회가 온다.

불공평한 경주에서 이기는 법

아버지는 어릴 때부터 이런 이야기를 수없이 강조했습니다.

"주위를 둘러봐라. 네가 이기려면 남들의 열 배는 노력해야 한다."

아버지는 오키나와(沖繩) 출신으로 홀어머니 밑에서 막내로 자랐습니다. 경제적으로 어려운 가운데서도 상경해 기업을 일으켜 세웠으니 세상의 쓴맛과 단맛을 다 겪었다고 할 수 있습니다.

아버지는 출장을 다닌 이스라엘과 중국 이야기도 자주 들려 주었습니다. 이스라엘 사람과 중국 사람에게는 4천 년간 쌓아 올린 지혜의 역사가 있는데, 그 역사가 그들의 정체성이 되어 그들은 지금도 4천 년 전의 일을 어제 일처럼 말한다는 것이었습니다.

또 이런 이야기도 했습니다.

"도쿄(東京) 사람들도 에도(江戶) 시대부터 축적해 온 역사가 몸속에 뿌리 박혀 있다. 그런데 우리는 어떠냐? 나와 너, 2대(代)밖에 안 된다. 그러니 우리가 남을 이기려면 그들의 10배는 노력해야 한다. 그래야 비로소 대등해질 수 있다."

인생은 애초에 불공평한 경쟁입니다. 재능이 있는 사람과 없는 사람, 일찌감치 '이거다!' 하는 깨달음을 얻는 사람과 그렇지 못한 사람, 그리고 원래 집이 부자인 사람과 그렇지 않은 사람……. 불공평이 존재하는 것이 현실이고, 그러한 사실은 바꿀 수가 없습니다. 그리고 그 '태어나면서부터 안고 있는 차이'가 무려 백 배 이상인 예도 적지 않습니다.

그래서 저는 늘 '이미 다 가진 사람들'을 상대로 이길 방법을 저 나름대로 생각해 왔습니다. 그리고 나의 길을 스스로 개척하는 데 필요한 일들을 실천했습니다. 델에 입사했을 때는 영업 경력이 이미 10년을 넘긴 선배들을 이기고 싶었습니다. 선배들과 저를 비교하면 능력, 결과 등 모든 면에서 백 배 정도의 차이가 났습니다. 아무것도 할 줄 모르는 제가 선배들을 이기려면 그들보다 몇 배는 더 노력해야 했습니다.

그래서 아버지가 말했던 '10배 노력'을 행동으로 옮겼습니다. 시간, 업무 강도, 고객 방문 건수 등 그 어떤 요소에서도 남보다 노력했습니다. 그냥 노력이 아니었습니다. '10+10=20'과 같은 덧셈식 노력이 아니라 '10×10=100'과 같은 곱셈식 노력을 하기 위해 철저히 애썼습니다. 그 결과 반년 만에 최고 영업사원이 될 수 있었습니다.

그때 **'백 배의 차이가 나더라도 열 배의 노력을 하면 벽을 넘을 수**

있다'는 깨달음을 얻었습니다.

나를 훨씬 앞지른 사람, 손을 뻗어도 닿을 것 같지 않은 사람이라도 열 배 노력하면 따라잡을 수 있습니다. 아니, 그들을 추월할 수 있습니다.

왜냐하면, **아직 아무것도 하지 않은 나는 이미 성공한 사람보다 훨씬 성장 잠재력이 크기 때문입니다.** 요즘은 성공한 사람의 비결이 인터넷에 모조리 공개되어 있습니다. 심지어 그들을 만나 성공의 비결을 배울 수도 있습니다.

그렇게 열 배의 노력을 기울이면 저 멀리 앞서가던 사람의 등이 생각지도 않게 가까워졌다는 사실을 깨닫는 순간이 올 것입니다. 게다가 그 순간은 예상보다 훨씬 빨리 찾아올 것입니다.

'남보다 열 배는 노력하겠다!'

저는 지금도 이 생각을 제 인생의 지침으로 삼고 있습니다.

조언 10   백 배의 차이가 나더라도 열 배 노력하면 앞설 수 있다.

2

인생이 너무 안 풀린다고요?

"벽은 원래 능력 있는 사람 앞에만 나타난다. 극복할 가능성이 있는 사람에게만 나타나는 것이다. 그래서 나는 벽에 부딪힐 때마다 기회라 여긴다."

스즈키 이치로(鈴木一朗)

저는 제가 정말 잘난 줄 알았습니다. 미국에서 유학 생활을 하는 동안 특히 그랬습니다. 고등학교도 성적이 우수해서 1년 만에 졸업 했으니까요. 하지만 일본으로 돌아오자마자 제 방식이 일본에서는 전혀 통용되지 않았습니다. 그 사실을 뼈저리게 깨닫고 받아들이는 것이 쉽지 않았습니다.

왜냐하면 '9·11 테러 이후 변화한 시대에 꼭 필요한 훌륭한 인재가 되겠다'는 의욕이 하늘을 찔렀으니까요. 하지만 그렇게 되기 위한 구체적인 방법과 실력은 턱없이 부족했습니다. 결국 저는 순식간에 절망의 구렁텅이 속을 나뒹굴었습니다. 비참했습니다. 지금 돌아봐도 그 시기가 정신적으로 가장 괴로운 시기였습니다. 그 와중에도 생계를 꾸리기 위해서 어쩔 수 없이 취직을 해야 했습니다.

사회는 미국 대학을 중퇴한 저를 쉽게 이해해 주지 않았습니다. 취업은 말 그대로 좁은 문이었습니다. 운이 좋게도 영어와 네트워크 구축에 관한 가능성을 인정받아서 미군기지와 외국계 증권회사를 상대하는 IT 프로젝트팀에서 일하게 됐습니다.

저는 날마다 필사적으로 일했습니다. 밑바닥에서부터 한 단계, 한 단계 일본 사회의 구성원으로서 밟아야 하는 계단을 착실히 밟는다고 생각했습니다. 그때의 경험이 성공의 발판이 됐다고 해도 과언이 아닙니다.

절박한 심정으로 임했더니 처음부터 업무 능력을 인정받았습니다. 월급도 금방 올랐습니다. 자신감이 생겨서 이직에 도전했습니다. 전자기기 제조사인 히타치(日立)와 소니(SONY)는 떨어졌지만, 당시 4대 IT 기업 중 하나로 꼽히던 델에 들어갔습니다.

법인 영업부에 배치되었는데, 죽기 살기로 일에 매달린 덕에 입사 1년도 안 돼서 최고 영업사원 자리에 오를 수 있었습니다. 일도 잘 풀렸고, 인간관계도 더할 나위 없이 좋았습니다. 사람들은 제계 대적할 적수가 없다면서 최고라고 치켜세워주었습니다. 그런데 바로 그 시기에 뒤통수를 맞았습니다.

회사에서 실시한 건강검진 결과, 심장 옆에 종양이 있다는 것입니다. 정밀 검사를 끝낸 의사는 말했습니다. 종양이 대동맥에 딱 붙어있는 탓에 내버려 두면 대동맥을 녹여 사망에 이른다나요? 게다가 종용이 악성일 가능성도 있다고 덧붙였습니다.

모든 일이 잘되고 있을 때 찾아온, 심각한 병. 운명이 장난을 치는 것 같았습니다. 저는 즉시 입원해서 대수술을 받았습니다. 불행

중 다행으로 종양은 양성이었지만, 입원해 있던 3개월 동안 제 마음은 하루에도 몇 번씩 천당과 지옥을 오갔습니다. 죽음이 언제 나를 덮칠지 모른다는 공포심도 느꼈고, 살아있는 시간이 얼마나 귀중한지 고마움도 느꼈습니다.

그뿐이 아닙니다. 병원에서 저는 진지한 고민하기 시작했습니다.

'이 한정된 시간을, 내가 정말 나라는 사람으로서 빛나게 살고 있는가?'

인생은 조금만 잘 풀린다 싶으면 어느새 바닥으로 굴러 떨어지기 십상입니다. 하지만 다시 일어나서 높은 곳을 향해 올라야 하는 것도 인생입니다. 2장에서는 일이 잘 안 풀릴 때, 괴로울 때 자신에게 해줄 수 있는 조언을 소개하겠습니다.

30대를 살아내려면 원칙이 필요하다

어릴 때 저는 청개구리였습니다. 어른들에게 '하면 안 돼'라는 소리를 들으면 오히려 더 하려 들었습니다. 청개구리 짓을 한 데는 제 나름의 이유가 있었습니다. **왜 하면 안 되는지 확인하고 싶었기 때문입니다.** 그래서 기어코 말썽을 피우곤 했습니다.

초등학생 때는 아파트의 재난 비상벨을 눌러서 소동을 일으킨 적도 있습니다. 물론 일을 벌일 때마다 잘못을 빌고 어김없이 반성도 했습니다.

중학생 때는 가벼운 탈선을 해봤습니다. 머리를 금발로 염색하거나 불량 청소년이라 불리는 아이들과 싸움질을 하는 등 어른들이 '하면 안 되는 짓'이라고 정해둔 행동을 하고 다녔습니다.

무작정 반항을 하고 싶었던 것은 아니었습니다. 왜 하면 안 되는지, 하면 어떻게 되는지를 알고 싶었을 뿐입니다. 따끔한 맛을 보더라도 '아, 이래서 안 되는구나'라고 스스로 깨닫고 싶었습니다. 굳이 가지 말라고 하는 길 끝에는 무엇이 있는지 제 눈으로 보고 싶었던 것입니다.

저는 정말 궁금했습니다. '하면 안 된다'고 말리는 어른들에게 왜 안 되는지 물으면 누구 한 사람 속 시원히 대답해 주는 사람이 없었기 때문입니다. 어른들은 그저 무턱대고 세상의 원칙을 맹신합니다. 진짜 안 되는 이유를 생각한 적이 없는 것처럼 보였습니다.

우리가 상식이라고 부르는 것 또한 마찬가지입니다. 사람들은 상식을 당연하게 여기지만, 대부분은 왜 당연한지 명확히 논리적으로 설명하지 못합니다. 그저 '상식이니까'라는 이유를 댈 뿐, 아무 생각 없이 그대로 받아들이는 것입니다.

그래서 저는 남들이 하지 말라고 하면 그때를 기회로 받아들이게 **되었습니다.** 그 길 끝에 남이 가 보지 않은 세계가 펼쳐져 있고, 그곳에는 새로운 발견과 의외의 광경이 펼쳐져 있을지도 모른다고 알아버린 것입니다.

그런 식으로 생각하면, '안 돼'라는 말은 참 가슴 뛰는 말입니다. 저도 물론 해 보고 정말 '아니다' 싶으면 그만둡니다. 하지만 **할 가치가 있다는 판단이 서면 더 합니다.** 이것이 제 원칙입니다.

자신의 원칙은 자신이 만드는 것입니다. 30대를 살아내려면 그런 자신만의 원칙이 있어야 한다고 생각합니다. 그러려면 우선 세간에 통용되는 기존의 원칙을 의심해 봐야 합니다. 원칙은 결코 거저 주어지는 것이 아닙니다. 자신의 눈으로 사물을 보고, 자신의 머리로 생각하며, 자신의 발로 길을 걸어야 만들 수 있습니다. 자신이 주체가 되는 인생을 살면 기회를 만들 수 있습니다.

제가 열심히 노력해서 합격한 명문 사립 고등학교를 그만두었을 때, 수도 없이 들었던 말이 있습니다.

"너 그러다가 인생에 흠집이 생긴다."

하지만 역설적이게도 그 학교를 그만둔 덕분에 제 인생에는 새로운 길이 열렸습니다. 고등학교를 그만둔 것 말고도 주변 사람들이 전부 저를 말렸던 일이 또 있습니다. 바로 제가 회사를 세우겠다고 했을 때입니다. 학생인 제가 아르바이트를 했을 때는 반대하지 않았으면서 회사를 만들겠다고 하니 쌍수를 들고 말렸습니다. 그럴 때마다 저는 하고 싶은 대로 했습니다.

중학생 때는 온갖 잔소리를 들으면서도 벼룩시장에서 옷을 싸게 사서 위탁판매 가게에 넘겨 팔았죠. 그렇게 해서 제 용돈을 벌었습니다. 또 모두의 반대를 무릅쓰고 회사를 세웠습니다. 어른들은 눈살을 찌푸렸지만, 그 경험은 훗날 제 인생에 도움이 됐습니다.

뭔가 잘 안 풀릴 때는 남들이 말리는 일을 해보십시오. 그 안에 답이 있을 가능성이 큽니다. 청개구리 소리를 듣더라도 좋습니다. 남들이 말리는 일에 적극적으로 나서면 아무도 체험하지 못한 미지의 영역을 볼 수 있을지 모릅니다.

| 조언 11 | 남들이 말리는 일이야말로 기회다! 나만의 원칙을 만들어라. |

12

논리보다 감정의 힘이 더 세다

한때 저는 완벽한 개인주의자였습니다. 델의 최고 영업사원 자리에 올랐을 때도 팀플레이보다 혼자 힘으로 결과를 내는 게 편했습니다. 그런데 그랬던 저도 나이가 들고 부하 직원을 거느리면서 많이 변했습니다. 혼자서 할 수 있는 일에는 한계가 있고, 모든 일은 나 혼자 잘한다고 되는 것이 아니라는 것을 알았습니다. 주위 사람들의 마음을 알아줘야 하며, 구성원 모두가 힘을 모아야 한다는 사실을 뼈저리게 느낀 것입니다.

하지만 어떻게 하면 사람들을 잘 움직일 수 있는지, 어떻게 하면 모두 같은 방향을 바라보게 할 수 있을지는 늘 고민거리였습니다.

인상적인 경험을 하나 소개하겠습니다. 한 부하 직원이 있었습니다. 저는 그에게 기회 있을 때마다 '열심히 하라, 실적을 올리는 게 중요하다'는 내용의 질타와 격려를 아끼지 않았습니다. 그래도 그 직원의 실적은 언제나 제자리걸음이었고 우리는 서먹해질 수밖에 없었습니다.

그러던 어느 날, 우연히 흡연실에서 그와 마주쳤습니다. **그날 저는 일절 조언을 하지 않고 그가 들려주는 업무 이야기에 귀를 기울이기만 했습니다.** 그런데 놀랍게도 그날부터 그는 저를 가까이서

따르기 시작했고, 실적도 눈에 띄게 올랐습니다. 저는 정말 아무것도 해주지 않고, 그의 이야기를 듣기만 했는데 말입니다. 사람의 마음이 얼마나 희한한지 그때 절실히 느꼈습니다.

아무리 일을 잘하고, 아무리 논리적이라 해도 능력과 논리만으로는 남을 움직일 수 없었던 것입니다. 그전까지 저는 옳은 소리, 좋은 이야기를 하면 그것이 결과로 직결되고 사람들도 저를 따를 거라 믿어 의심치 않았습니다. 하지만 현실은 그렇지 않았습니다. 옳은 말을 하는 것보다 함께 대화를 나누고 고민을 나누는 게 훨씬 중요했습니다. **사람은 옳고 그름이나 계획에 따라 움직이는 것이 아니라 재미있는지 아닌지에 따라 움직인다는 것**을 깨달은 것입니다.

지금 운영 중인 회사에서도 그때의 경험을 잊지 않고 있습니다. '현재 회사 실적이 이 정도니까 앞으로 여기까지 올리자'는 말은 직원들에게 아무런 동기를 부여할 수 없습니다. 차라리 실적을 올렸을 때 그로 인한 이익이 자신들에게 어떻게 환원될지를 느끼게 하는 게 더 효과적입니다. 그렇게 하면 직원들이 놀랄 만큼 활기차게 움직입니다.

그래서 우리 회사에서는 '실적을 올리고 나서 버닝 맨(Burning Man) 페스티벌 보러 가자!'라는 식의 목표를 세웁니다. 버닝 맨 페스티벌은 미국에서도 손꼽히는 대규모 축제입니다. 전 세계에서 매년 5만 명이나 되는 관광객들이 몰려 음악에 맞춰 춤을 추고 가장무도회를 열지요. 생각만 해도 즐거운 목표 아닙니까?

가슴이 두근거려야 합니다. 두근거림을 원동력으로 움직여야 실적도 올라갑니다. 우리 회사가 잘 나가는 비결은 거기에 있습니다.

주변이 내 생각대로 움직여주지 않을 때는 논리를 내세워 정당성을 강조할 것이 아니라 솔직한 감정을 전달해 보십시오. 감정이 전해지면 가슴 두근거리는 순간을 함께해 줄 내 편이 분명 나타날 것입니다.

조언 12   내 편이 없다고 느껴질 때 논리가 아닌 감정을 전하라.

13

설렘으로 인생의 파도를 넘어라

누구나 벽에 부딪혀 멈춰서야 할 때가 있습니다. 그런 상황이 한 번으로 끝나지 않고 하는 일마다 잘 안 되면 의욕이 사그라들기 마련입니다. 그럴 때는 한 가지를 파악해야 합니다. **지금의 상황이 해일처럼 나를 덮칠지, 작은 파도에 그칠지?**

작은 파도는 일상적으로 반복되는 부침(浮沈)입니다. 아주 단순한 노력으로도 극복할 수 있습니다. 자신을 행복하게 만들 방법만 알고 있으면 됩니다. 저는 자신을 행복하게 해주려고 아침 일찍 일어나 운동하고, 맛있는 음식을 먹고, 좋아하는 일에 집중합니다. 이렇게 하면 다소 부정적인 일이 생겨도 크게 신경 쓰지 않고 넘길 수 있습니다.

기운이 빠졌을 때 힘이 나는 요소 서너 가지를 꼽아 보십시오. 작고 보잘 것 없는 것이라도 좋습니다. 그리고 그 요소들을 담담하게 일상적으로 반복하십시오. 그러면 작은 파도 따위에 휩쓸려 흔들리는 일은 없을 것입니다.

문제는 큰 파도입니다. 큰 파도는 밀물, 썰물처럼 어느 정도 장시간의 간격을 두고 찾아오는 비일상적인 부침입니다. 워낙 크기가 크다 보니 불행을 안고 온 파도라는 생각이 들 때는 심리적 타격이 큽니다. 큰 파도와 작은 파도에 대한 대응은 완전히 달라야 합니다.

   큰 파도가 밀려오면 저는 **제 가슴을 설레게 하는 요소들을 다 끌어 모읍니다.** 아무리 최악의 상태에 빠졌다 하더라도 아주 조금씩 제 가슴이 뛰는 일, 의욕이 솟구치는 일을 찾아내 확인하는 것입니다. 그리고 그 요소들을 조금씩 크게 키웁니다. 그러면 최악에서 벗어날 수 있습니다.

   달갑지 않은 일이 일어났을 때 그런 행동은 정말 효과적입니다. 아니, 솔직히 말해서 그것밖에는 할 수 있는 일이 없습니다. 오로지 제 가슴이 두근거리는 요소들을 모으는 데만 집중해야 합니다. 그러면 어느 날 갑자기 모든 것이 180도 뒤집히는 지점에 이르게 되고, 그 순간 지극히 행복한 상황에 놓인 자신을 발견할 수 있습니다.

   가슴 뛰는 일이 없을 때는 어떻게 할까요? 조금이라도 관심이 가는 요소를 찾아내려 합니다. 남을 움직일 때 논리보다 감정에 호소해야 효과적인 것처럼 자신에게도 마찬가지입니다.

   저는 과거에 증권회사와 관련된 프로젝트를 진행한 적이 있습니다. 그때 고층 빌딩에서 일한다는 사실이 대단히 즐거웠습니다. 창밖 풍경을 볼 때마다 내가 조금은 가치 있는 사람이라는 생각이 들었기 때문입니다. 다른 사람들 눈에는 별로 대단한 요소가 아닐 수도 있습니다. 하지만 자신이 그렇게 느낀다면 그걸로 된 것 아니겠습니까? 증권회사에 드나들 때는 주식 거래자들을 보는 것도 낙이었습니다. 나중에 미군기지 관련 프로젝트를 진행할 때도 작은 즐거움이 있었습니다. 바로 비행기가 날아오르는 순간을 구경했습니다. 그 모습을 지켜보는 것이 너무나 즐거웠습니다. 작고 사소하지만 전부 저를 앞으로 나가게 하는 원동력이 됐습니다.

앞서 밝혔듯 저는 고등학교 입시에서 지원한 학교마다 모조리 낙방했습니다. 당연히 절망했지만, 한편으로는 오히려 가슴이 두근거렸습니다. 이 상황에서 내가 과연 어떤 답을 찾을 수 있을지 궁금했기 때문입니다. 분명 남과 다른 특별한 무언가를 찾아낼 것이라 믿었습니다. 그렇게 확신했더니 기대감에 온몸이 들썩거렸습니다.

그 어떤 상황에서도 가슴 설레는 요소를 찾아내십시오. 그리고 기

죽지 말고 눈앞의 일에 집중하십시오. 가슴 설레는 작은 요소들을 모아가다 보면 틀림없이 길이 열릴 것입니다.

조언 13   큰 파도를 만났을 때는 가슴 설레는 요소를 찾아서 집중하라.

14

얕은 수는 먹히지 않는다

살다 보면 생각지도 못한 순간에 엄청나게 높은 벽에 부딪힐 때가 있습니다. **그럴 때는 억지로 극복하려 하지 않는 게 좋습니다.** 왜냐하면, 대개 그렇게 높은 벽은 '방향을 잘못 잡았으니 궤도를 수정하라'는 신호이거나 '이쯤에서 다른 길을 찾아보라'는 경고인 경우가 많기 때문입니다.

그렇다면 어느 방향으로 가야 할까요? 물론 스스로 선택해야 합니다만, 가슴이 두근거리는 쪽을 택하는 것이 가장 좋습니다. 직감을 믿는 것입니다. **저라면 모처럼 맞은 전환기이니만큼 그 기회를 살리기 위해 기존과는 정반대의 길로 가라고 권하겠습니다.**

그래서 저는 아주 높은 벽에 부딪힐 때마다 기존과는 정반대의 길을 선택했습니다. 기꺼이 원해서 선택한 때도 있었고, 다른 선택지가 없어 어쩔 수 없이 선택한 때도 있었습니다.

예를 들어서 저는 첫 사회생활을 창업으로 시작했습니다. 하지만 실패를 맛본 다음에는 귀국해서 그 반대 방향으로 갔습니다. 회사원으로 변신해서 필사적으로 영업 실적을 올렸습니다. 멋들어진

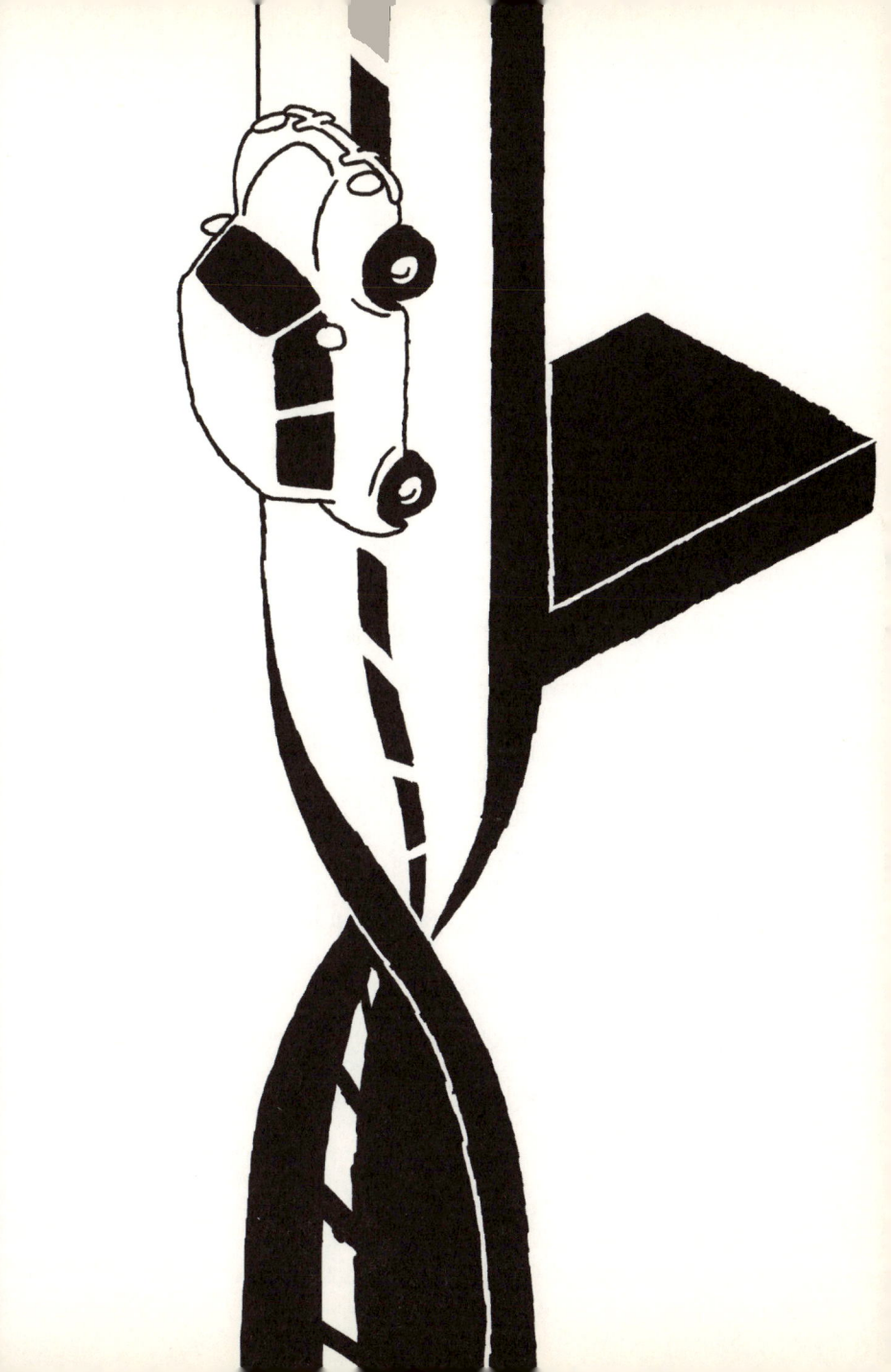

고층 빌딩에서 일하던 중에는 병을 얻었습니다. 그때는 또 배낭여행족으로 인생 궤도를 수정했습니다. 태어나 어른이 될 때까지 줄곧 도시에서만 살았습니다. 그러나 골절상을 입은 뒤로 미야자키의 대자연으로 귀농했습니다.

인생을 살다 보면 영문도 모르고 망치에 맞는 것처럼 돌발상황이 벌어집니다. 망치가 날아올 때마다 생각지도 못한 반대 방향을 바라보면 그곳에 힌트가 있습니다. 나에게 부족한 점, 내가 모르는 분야, 잘하지 못 하는 일이 무엇인지 알려줍니다. 그런 일들을 피하지 않고 열정적으로 빠져들었더니 인간으로서의 폭이 넓어지고 조금씩 성장할 수 있었습니다.

그래서 저는 어차피 반대쪽으로 갈 거라면 방향이 어중간한 것은 싫습니다. 180도 반대쪽의 끝까지 내달리자고 주장합니다. **방향을 바꿀 때는 기존에 하던 일을 최대한 떨쳐버려야 합니다.**

최대한 떨쳐버려야 하는 이유가 있습니다. 인간은 기본적으로 쉽게 변하지 않습니다. 큰맘 먹고 무언가에 매달린다고 해서 누구나가 완벽하게 새 인생을 개척하지는 못합니다. **그런 만큼 약간의**

노력으로 상황을 극복하려 하다가는 결국 다시 원점으로 되돌아와 전과 같은 길을 걷게 될 것이 당연합니다. 따라서 대담하게 다 떨쳐 내는 게 제일 좋습니다.

정반대 길의 끝까지 가려 하면 누구나 두렵습니다. 고생해서 갔는데 어찌 될지 알 수도 없고, 모든 것을 잃을 수도 있습니다. 하지만 희망도 있습니다. 새로운 자신, 인생의 새로운 전개가 기다리고 있을 테니 말입니다.

인생의 궤도를 수정할 때는 과감하게 나섭시다. 두렵기도 하겠지만, 가슴 설렘과 함께 새 장이 열릴 것입니다. 번지점프나 제트코스터를 탈 때처럼 그 긴장감까지도 즐기십시오.

| 조언 14 | 벽에 부딪히면 빨리, 진로를 정반대 방향으로 틀어라. |

15

과도한 사명감은 금물이다

살다 보면 '이거다!' 싶은 일을 찾는 순간이 있습니다. 자신이 한 일에 대해 누군가가 진심으로 고마워할 때도 있죠. 이럴 때 사람들은 일종의 흥분을 맛봅니다. '나는 이 일을 하려고 태어난 게 틀림없어!', '이거야말로 나의 천직이야!' 하는 기분. 이런 일을 만날 수 있는 사람은 행운아입니다. 그런데 그런 기분에는 함정이 숨어 있습니다. **바로 '내가 아니면 누가 하랴?'라는 불필요한 사명감이 함정입니다.**

순간적으로 사명감을 느낄 수 있습니다. 하지만 그런 불필요한 사명감을 계속 가슴에 품는다면 언젠가는 짐이 되고, 자기 자신을 괴롭히게 됩니다. 벽에 부딪혀서 괴로운데도 '이건 나의 둘도 없는 사명이다', '여기까지 올라왔는데 다시 내려갈 수는 없다'는 이유로 발을 빼지 못합니다. 상황이 그 정도라면 이미 그 일 자체도 잘 안되고 있을 가능성이 큽니다.

저도 사명감에 사로잡혀 힘들어한 시기가 있습니다. 고통에서 벗어나는 데는 참 오랜 시간이 걸렸습니다. 그 시기에 저는 사명감에 불타오르고 있었습니다. 자신감을 느끼고 싶었고, 제 존재 가치를 끌어내고 싶었습니다. 생각해 보면 '나는 위대하고 사람들에게는 내가 필요하다'고 믿고 싶었던 것 같기도 합니다. 그런데 당시에 하던 일을 그리 오래 계속하지는 못했습니다. 사명감에서 하는 일은 점점 자신을 힘들게 만들지요.

그래서 저는 '젊을수록 영웅 심리에 빠지기 쉽지만, 그 심리를 믿어서는 안 된다'는 결론을 얻었습니다. **세상에 나밖에 못 하는 일 따위는 없습니다.** 괴로울 때는 짐을 내려놓으십시오. 그러면 그 짐을 다른 누군가가 짊어질 것입니다. 누구라도 들 수 있는 짐이니 꼭 여러분이 책임질 필요는 없습니다.

'나밖에 못 한다'고 생각하기보다는 '내가 뭐 대단한 존재야?'라는 식으로 무시해 버리는 게 훨씬 속 편할 겁니다. 그래야 가벼운 마음으로 일도 더 잘할 수 있고 결과적으로 남에게도 이득이 됩니다. 그래서 지금은 어떤 감정에도 속박당하지 않으려 의식하며 살고 있습니다. 나의 사명, 회사의 사명 따위 생각지 않고 단순히 즐거운 일을 할 뿐입니다. **내가 하는 일을 좋아하는 것보다 중요한 건 세상에 없다고 생각하지요.**

자신의 존재 가치를 증명할 방도를 다른 사람에게서 찾아서는 안 됩니다. 자신이 한 일을 통해 남이 고마워하고 기뻐한다 해서 꼭 그 일이 자신의 가치를 보여주는 것은 아니라는 말입니다.

자신의 존재 가치는 자신에게서 찾으십시오. 자신을 위해 사십시오. 그래야 온전히 자기 자신으로 살 수 있습니다.

자기 자신을 위해서 하는 일은 남에게 도움이 될 때도 있고, 그렇지 않을 때도 있습니다. 도움이 된다면 다행이지만 그것은 어디까지나 결과에 불과하다는 사실을 기억하십시오.

조언 15   사명감이 짐이 된다면 당장 버려라.

인생에 휘둘리지 말고 휘둘러라

바다에 밀물과 썰물이 있는 것처럼 인생에도 끝없이 오르막과 내리막이 찾아옵니다. 참 자연스러운 현상인데도 사람들은 잘나갈 때는 그 상태를 계속 유지하려 하고, 못 나갈 때는 필사적으로 저항하려 합니다.

대부분의 사람이 오르막에서는 집착, 내리막에서는 공포를 느낍니다. 그런데 집착과 공포는 괴로운 감정입니다. 그런 감정을 느끼는 상태는 모두 불안한 상태입니다. 오르막길을 걷는 상황을 '노력'이라고 부를지 모르겠지만 그런 상태를 계속 유지하기란 불가능합니다. 그러니 오르막길만을 바라면 불안해질 수밖에 없습니다.

일이 잘 풀릴 때나 그렇지 않을 때를 똑같이 담담하게 받아들여야 합니다. 밀물과 썰물이 있는 것처럼 인생에도 당연히 부침이 있으니까 말입니다. 썰물 때 바닷물이 빠져나가는 것처럼 인생도 추락할 때가 있고 우리는 그런 불운을 피할 수 없습니다. 오르막길에 접어들었을 때 그 상태를 아무리 오래 유지하려 해도 사람의 일이란 올라갈 때가 있으면 내려갈 때가 있는 법입니다.

또 소리 없이 밀물이 차오르는 것처럼 내려간 다음에는 반드시 올라가는 순간이 다시 찾아옵니다. 불운에서 벗어나기 어려운 이유는 썰물 때가 찾아왔다는 공포감과 절망감에 사로잡혔기 때문입니다. 그게 아니라면 '어차피 인생이란 이런 것'이라고 지레 포기하고 마음을 닫았기 때문이겠지요.

공포감이나 절망감에 무릎을 꿇어서는 안 됩니다. 반대로 행복감이나 하늘을 날 듯 우쭐거리는 감정에 취해서도 안 됩니다. 감정에 휘둘리면 눈앞의 상황을 객관적으로 볼 수 없습니다. 정확하게 받아들일 수 없는 것입니다.

세상 그 무엇에건 휘둘리는 순간 우리는 우리 자신을 잃게 됩니다. 휘둘리는 것이 아니라 휘두르겠다는 각오로 살아야 합니다. 비유하자면 술과 같습니다. 우리가 술을 마시면 취기를 통제하고 즐겁게 술의 효용을 이용할 수 있지만, 술이 우리를 마시면 기억을 잃거나 추태를 부리는 등 통제할 수 없는 지경에 이르지 않습니까? 공포감만 통제할 수 있으면 썰물 때도 즐거울 수 있습니다. 앞으로 만나게 될 새로운 자신을 떠올리며 가슴 설렘을 느낄 수 있고, 인생의 흐름에 몸을 맡긴 채 담담하게 추락할 수 있습니다.

밀물과 썰물, 그 어느 쪽에도 휘둘리지 마십시오. 자신이 휘둘러야 합니다. 인생의 모든 순간을 제대로 맛볼 수 있어야 폭넓은 인간

이 될 수 있습니다. 밀물과 썰물의 차이가 크면 클수록 인간으로서의 폭도 커집니다. 그리고 그 **한가운데에 흔들림 없는 심지가 생깁니다.** 그러니 불운이 닥쳐왔다 해도 가만히 음미하십시오.

상황을 통제한다는 것은 밀물과 썰물의 양극단을 확실히 오가며 각각의 맛을 음미하면서도 마음은 언제나 평상심을 유지한다는 뜻입니다. 관점과 정신상태가 모두 중용을 유지하고 흔들리지 않는 것입니다.

흔들리지 않으면 매일 즐겁게 살 수 있습니다. 불안에서도 해방되고 말입니다. 어떤 일이 닥쳐도 있는 그대로 수용할 수 있습니다. 외부 요인에 좌우되지 않는 자유가 생깁니다. 그런 상태야말로 무적의 상태 아니겠습니까?

조언 16   행운에 집착하지 말고 불운에 저항하지 마라.

3

재현성을 키우는 법

"나는 미래에 대해 걱정해 본 적이 없다.
미래는 금방 다가오니까."

알베르트 아인슈타인(Albert Einstein)

"넌 참 자유롭게 산다."

"구시 씨는 정말 겁이 없는 것 같아요. 어쩜 그렇게 계속 새로운 도전을 할 수가 있는 거죠?"

제가 자주 듣는 말입니다. 삶의 우여곡절이 많았기 때문이겠죠. 타비라보를 창업했을 때 제 나이는 스물아홉이었습니다. 지금은 월 방문자 9백만 명, 월 페이지 뷰 5천만 건을 기록하며 성업 중입니다.

이런 저를 보고 사람들은 '자유롭다', '겁이 없다'고 평가합니다. 하지만 오늘날에 이르기까지 제가 지나온 길이 순탄했는가 하면 절대 그렇지 않습니다. 천만의 말씀입니다. 저의 과거는 좌절로 얼룩졌고 저 자신은 콤플렉스 덩어리라고 해도 과언이 아니었습니다.

그러나 일이 잘 안 풀린다고 발걸음을 멈출 수는 없지 않습니까? 한 발도 앞으로 나가지 못할 때나 괴로울 때, 저는 저 자신에게 이렇게 물었습니다.

'새로운 나를 만들기 위해 노력하고 있는가?'

끊임없이 변화하지 않는 한, 우리는 눈앞을 가로막은 벽을 뛰어넘을 수 없습니다. 에너지를 끌어낼 수도 없습니다. 그래서 이 장에서는 제가 어떻게 저 자신을 변화시켰는지 말씀드리면서 여러분의 마음속에 작은 불을 지피고자 합니다.

17

실패하기 싫은 마음부터 버려라

실패를 꺼리지 않는 사람은 없습니다. 누구나 할 수만 있다면 실패를 피하고 싶을 것입니다. 그런데 저는 기본적으로 실패를 두려워하지는 않습니다. 왜냐하면, 무슨 일을 하건 **'실패는 당연히 따른다'**고 생각하기 때문입니다. 마찬가지로 **'성공도 당연히 따라온다'**고 생각합니다.

성공과 실패는 동전의 양면과 같습니다. 그러니 성공과 실패를 모두 경험하는 것이 자연스럽습니다. 성공을 거두었다 해도 그 안에 부분적인 실패가 있을 수 있고, 실패를 맛본 경우에도 성공한 부분이 있을 수 있습니다. 따라서 성공에 집착할 필요도, 실패를 두려워할 필요도 없습니다.

인생길에는 오르막과 내리막이 필연적으로 존재합니다. 그런데 오르막이 내리막이 되고, 내리막이 오르막으로 변하는 전환점은 생각지도 못한 순간에 생각지도 못한 형태로 나타납니다. 제 인생도 잘 나가다가 갑자기 예상치 못한 일이 벌어지곤 했습니다. 느닷없이 나타나서 뒤통수를 후려갈기는 실패라는 이름의 망치는 피한다고 피할 수 있는 것이 아니었습니다.

갑자기 큰 병을 얻으며 좌절하고 동생이 식물인간이 되었다는 소식을 듣고 사업이 절정기에 이르렀을 때 영문도 모르고 고꾸라지기도 했습니다. 이제는 이런 일에 너무나 익숙해져서 꿈쩍도 하지 않습니다. '예상 밖의 사건, 사고는 언제든 일어날 수 있다'는 점을 명심하면서 담담하게 눈앞의 일을 할 뿐입니다.

부정적인 상황을 미리 각오해 두면 공포심에 떨 필요가 없습니다. 오히려 두려운 상황이 우습게 보일 겁니다. 또 저는 두려운 상황을 그저 괴롭고 심각한 문젯거리로만 보지는 않습니다. 우리의 뒤통수를 내려친 망치가 우리를 그저 아프게만 하는 것은 아니니까요.

그 망치를 '정신 똑바로 차리라'는 신호라고 생각하십시오. '지금 당신이 달리는 방향은 틀렸다. 궤도를 수정하라.' 또는 '당신의 시야 밖에서 뭔가가 일어나고 있다.'라는 신호 말입니다. 저는 세상이 의도적으로 그런 경고를 해준다고 생각합니다. 이 세상 어떤 일도 이유 없이 일어나지는 않습니다. 새로운 단계로 나아갈 힌트와 계기를 준다고 생각해 보십시오.

실패하지 않겠다고 온몸에 잔뜩 힘을 주고 버틴다 한들 마음에 그렸던 대로 모든 일이 실현되지는 않습니다. 그러니 '나는 이런 사람이야'라거나 '앞으로는 반드시 이렇게 하겠어' 같은 단언을 하지 않

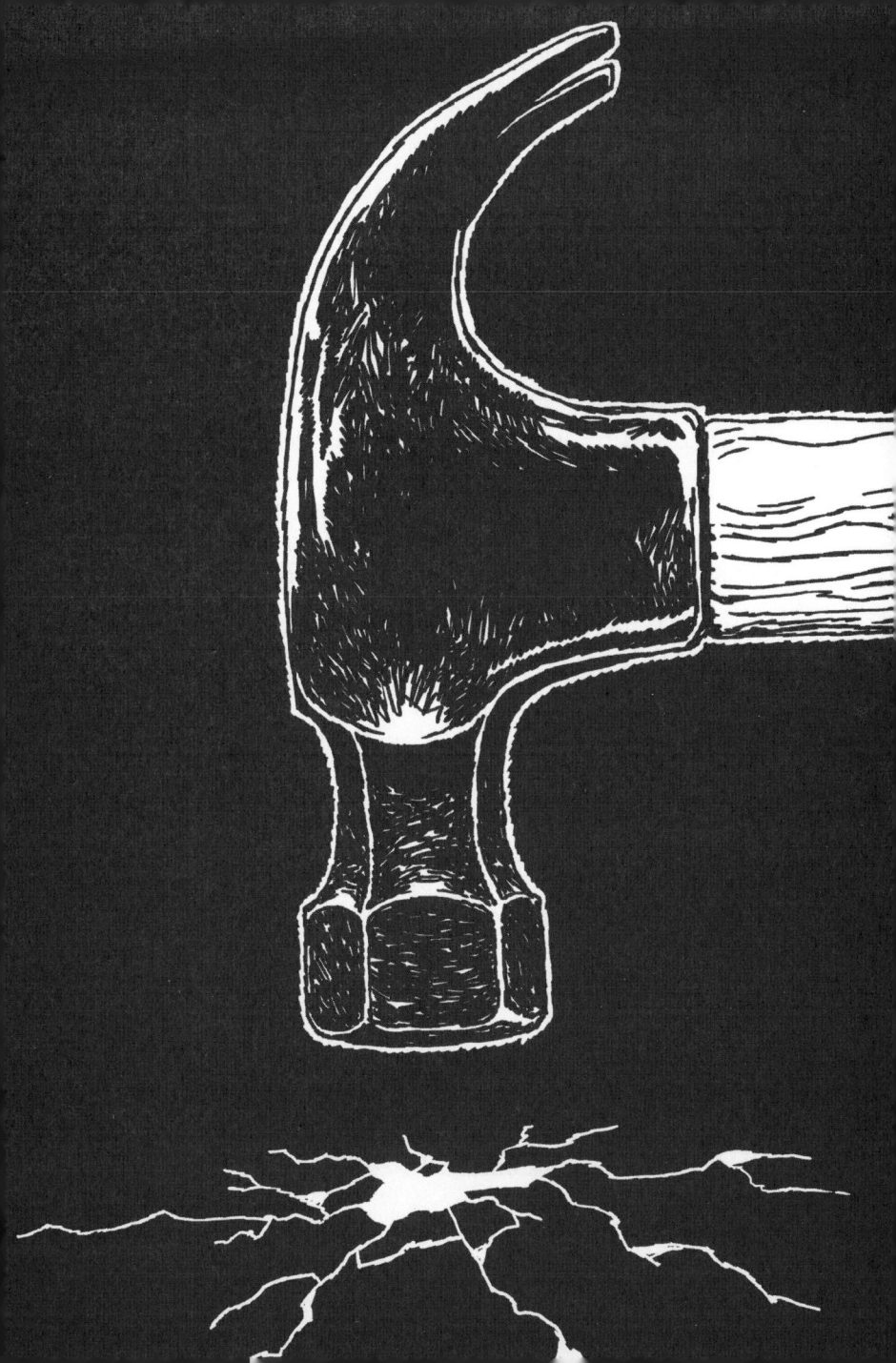

고 사는 게 좋습니다. 독하게 정해 놓아도 어차피 망치는 날아옵니다. 심지어 그 망치가 성공으로 가는 계기, 이른바 내 인생의 선물이었다고 깨닫는 날도 있을 겁니다. 오히려 반드시 지키겠다고 정한 바가 없을 때야말로 우연한 기회의 낌새를 바로 알아차리고 임기응변으로 대처할 수 있습니다.

일이 생각한 대로 흘러가지 않고 예상치 못한 사태가 발생한다 하더라도 현재의 자신을 언제나 긍정적으로 바라봅시다. 생각대로 풀리는 인생을 바라기보다 지금 눈앞에 펼쳐진 상황을 받아들이고 열심히 달려드는 삶을 선택합시다. 그러면 나중에 가서는 여러분의 생각대로 일이 잘 풀리는 날도 올 겁니다. 신기하게도 '재현성'을 얻게 된다는 말입니다.

제가 바로 산 증인입니다. 바라지도 않았던 방향이지만 쑥쑥 성장하고 있는 저를 보면 알 수 있지 않습니까?

| 조언 17 | 실패 공포증에 걸렸다면 '지금 선택한 길'을 정답으로 만들어라. |

18

절대로 지지 않는 단 한 가지

누구에게나 자신의 능력으로 할 수 있는 일이 있고, 할 수 없는 일이 있습니다. 그런데 할 수 없는 일까지 다 잘하려고 온갖 능력을 빈틈없이 다 키우려 하는 사람이 있습니다. 그래서는 시간만 많이 들 뿐, 눈앞에 가로막힌 벽을 뛰어넘기는 힘듭니다.

반대로 **'이것만큼은 지지 않겠다'**는 분야의 능력을 하나 정해서 능력을 키우는 데 온 힘을 쏟으면 어떻게 될까요? 게다가 놀랍게도 하나의 능력을 집중적으로 공략해서 키우다 보면 의도치 않게 다른 능력도 같이 향상됩니다.

빠짐없이 모든 능력을 키우려고 하지 마십시오. 눈앞에 있는 난관을 극복하는 데 필요한 능력을 하나씩 키우는 편이 훨씬 낫습니다. 그래야 미래의 빛나는 무대에 하루라도 일찍 도착할 수 있습니다. 다음 무대에 빨리 도달해야 자신이 만나는 사람이나 해내는 일의 수준이 높아지고, 덩달아서 자신의 수준도 높아집니다.

예를 들어서 좀처럼 실적이 오르지 않는 사람이 있다고 합시다. 그런데 '영어 회화'만큼은 자신이 있다고 합니다. 그러면 그 능력을 철저히 끌어올려서 주위로부터 귀한 대접을 받으면 됩니다. 일은 잘 못 하지만 아침에 일찍 일어나는 것만큼은 누구보다 잘하는 사람이라면 하루도 거르지 말고 아침 첫차로 출근해 보십시오. 그게 회사 일과 무슨 상관이 있냐고 물을지 모르지만, 그렇게 하는 동안 틀림없이 일을 대하는 자세도 달라지고 능력도 조금씩 나아질 것입니다.

한편 잘 못 하는 부분을 극복하게 하는 방법도 있습니다. 우리 회사에는 아침에 일찍 일어나기가 세상 최고의 고역이라는 사원이 있었습니다. 그런데 지금은 그 누구보다 일찍 출근하고 있습니다. 그러자 출근 시간이 당겨진 것은 물론이고 태도까지 달라졌습니다. 항상 시간에 쫓겨 수동적으로 움직이던 사람이 점점 자기 주도적으로 움직이게 됐습니다. 성향도 긍정적으로 변하면서 성과까지 얻었습니다.

저는 다양한 일을 겪으면서 여러 가지 경험을 쌓았습니다. 하지만 자격증이라고는 운전면허증밖에 없습니다. 영어는 조금 하지만 TOEIC 시험은 본 적도 없습니다. 학력도 미국에서 대학을 중퇴한 것이 최종 학력이니 자랑할 처지가 아닙니다. 한때는 불안해서 대학원에 진학하려고 애쓴 적도 있었습니다. 학위를 취득해서 가방끈을 늘리려 한 것입니다.

그런데 델의 당시 사장님께서는 그런 저에게 이런 말씀을 해 주셨습니다.

"100미터를 9초에 달리는 녀석은 10초에 달리는 녀석들과의 차별화 방법을 고민할 필요가 없다. 그런 고민할 시간에 무조건 달리기만 하면 된다."

그분의 말씀인즉, 아마 이런 의미가 아니었을까요?

"MBA 학위를 취득해서 네 입장이 크게 변한다면 도전할 가치가 있다. 그런데 그렇게 해서 네가 할 수 있는 일이란 네가 이미 해낸 것들이다. 그러니 너는 그저 앞만 보고 달려라. 100미터를 9초에 달리는 녀석에게 달리기가 최고의 차별화 방법이듯 너는 영업에 최선을 다하는 것이 정답이다."

모자라는 부분을 채우려 애쓰기보다 이미 잘하는 부분을 집중적으로 더 파고들라는 말씀이었던 것입니다. 사장님의 말씀은 '**한 우물을 파고 또 파라**'는 가르침이었지요.

사람은 누구나 특출한 능력을 갖추고 있습니다. 그러니 '**이 영역에서만큼은 9초대에 달릴 수 있다**'는 영역을 찾으십시오. 그 영역을 자신의 강점으로 삼는 것이야말로 진정한 힘이 될 것입니다.

• 3장 • 재현성을 키우는 법

| 조언 18 | '약점'이 아니라 '하나의 강점'을 파고들어라. |

19

어울리는 사람을 바꿔라

뭔가 새로운 일을 시작할 때 사람들은 대부분 새 출발을 하겠다는 사람들과 무리를 지으려는 경향이 있습니다. 수준이 비슷한 사람들과 정보를 교환하고 서로를 격려해줄 수 있기 때문이겠지요. 그런데 저는 반드시 저보다 훨씬 앞선 사람들, 훨씬 높은 단계의 사람들을 만나려 했습니다. 가능한 한 그 분야의 최고를 만나 이야기를 듣고, 의견을 나누고, 그의 행동을 관찰했습니다.

그들이 이룬 성공의 관건, 다시 말해 '핵심 성공 요소(Key Success Factor)**'를 간파하기 위해서입니다.** '핵심 성공 요소'는 보통 기업 경영과 관련해 쓰는 말입니다. 하지만 저는 이 말이 사람에게도 해당하는 개념이라고 생각합니다. 상대의 핵심 성공 요소를 간파하면 자신의 수준을 올릴 수 있습니다.

델에 처음 입사했을 때 저는 회사에서 가장 능력 있는 영업사원 선배를 찾아갔습니다. 일을 배울 수 있게 허락해 달라고 매달렸죠. 그리고 일주일 동안 그 선배를 따라다니며 일거수일투족을 관찰할 기회를 얻었습니다. 선배의 일하는 방식, 말투, 사람을 대하는 태도, 사고방식……. 그 모든 것을 살펴보고 철저하게 배우려 했습니다. 그리고 본 것은 그날 당장 따라 하면서 조금씩 익혔습니다.

그런 과정을 거치고 난 저는 6개월 만에 영업사원 중 최고의 실적을 올렸습니다. 선배의 핵심 성공 요소를 간파한 덕택이었습니다. 핵심 성공 요소를 간파하려면 상대를 철저하게 관찰해야 합니다. 그 사람이 왜 그런 행동을 하는지 알아채야 하니까 말입니다.

예전에 한 바리스타 선생님께서 사람을 관찰하는 법을 가르쳐주신 적이 있습니다. 제게는 은인과도 같은 분이지요. 저는 그때 미국에서 일본으로 돌아왔고 카페가 딸린 중고 옷 가게를 열 생각을 하면서 그분을 만났습니다. 선생님은 세계적으로 유명하다는 소문이 자자했기 때문에 그분의 제자로 들어갔습니다.

선생님께서는 항상 이런 말씀을 하셨습니다.

"가게에 찾아온 손님이 어떤 표정에 어떤 차림인지, 어떤 시계를 찼는지 살펴라. 그런 다음 그 손님이 뭘 마시고 싶어 할지 맞혀보아라."

예를 들어서 손님이 행복한 표정에 기분이 유쾌해 보인다 싶으면 카푸치노에 하트 모양 크림을 올리고, 여자 손님이 갑자기 매니큐어를 바르고 왔다면 대화의 주제도 조금 화려한 쪽으로 바꾸어 보라는 것이었습니다. 선생님은 아마 손님을 철저하게 읽어내고,

KEY SUCCESS FACTORS

더욱 적절하게 대처하는 바리스타로서의 '자세'를 가르치고 싶었던 것 같습니다. 저는 그 말씀에 따라서 손님이 지금 어떤 상태인지 즉석에서 파악하는 습관을 들였습니다.

솔직히 말해 그때 했던 커피 공부는 지금 거의 다 잊었습니다. 그렇지만 그 자세만큼은 지금도 귀한 무기로 쓰고 있습니다. 그리고 그 자세를 활용해 지금은 평소 사람을 볼 때 작은 부분에서도 배울 점을 찾아내려 애쓰고 있습니다. 가령 상대가 어떤 순간에 어떤 식으로 구두끈을 묶는지를 보면서도 배울 점을 찾습니다.

사람들은 그런 데서 배울 게 뭐가 있냐고 의아하게 생각할 수도 있습니다. 하지만 사람이 무의식적으로 하는 행동 하나하나에 그 사람의 진짜 모습이 드러나는 법입니다. 그래서 저는 구두끈을 묶는 순간조차도 배워야 한다고 생각합니다. 그러다 보면 '이 사람은 이런 부분까지 신경을 쓰는구나.' 하는 교훈을 반드시 얻게 됩니다. 여러분도 그렇게 하시면 여러분이 꿈꾸는 바를 성공으로 이끄는 강력한 힘을 얻게 될 것입니다.

조언 19   이미 성공한 사람의 핵심 성공 요소를 간파하라.

못 하는 것은 행복한 일이다

아이들은 커가면서 할 줄 아는 일이 조금씩 늘어납니다. 할 줄 아는 일이 많아진다는 것은 성장한다는 것과 같은 의미지요. 그런데 어른이 되고 나면 성장의 의미가 달라집니다. **나는 아직 못 하는 게 많아. 모르는 것도 많아.**'라고 자각하는 것이 '어른의 성장'입니다.

그런데 많은 사람이 내가 무엇을 못 하는지를 알면 괴로워합니다. 저는 그렇지 않다고 생각합니다. **나에게 아직 성장의 여지가 있다**는 것을 알게 되는데 왜 괴롭겠습니까?

사람들은 대부분 어른이 되면 자신이 잘하는 일, 할 줄 아는 일만 하려 합니다. 그래서는 성장할 수 없습니다. '할 줄 아는 일'을 더 늘리고 싶다면 내가 무엇을 못 하는지 구체적으로 찾아낼 필요가 있습니다.

못 하는 일을 반드시 잘할 수 있게 하라는 이야기가 아닙니다. '내가 못 하는 일이 많이 있구나', '내가 그리 대단한 사람이 아니었구나!'라는 깨달음을 얻는 것이 중요합니다. 그 과정에서 자신의 가능성이 확장되는 데 의미가 있는 것입니다.

그래서 저는 일부러라도 못 하는 것, 모르는 것에 관심을 쏟으려

합니다. 또 약한 부분, 미처 헤아리지 못했던 부분도 자각하려 합니다. 그러려면 **자기 자신과 전혀 다른 타입의 사람을 만나거나 평소에 전혀 관심이 없던 정보를 접해 보는 등의 노력이 효과적입니다.** 한계를 느끼기도 하겠지만, 한계는 곧 새로운 길로 이어지는 돌파구가 될 것입니다.

이쯤에서 여러분은 아마 이런 생각을 하실지도 모르겠습니다.

'아까는 다 잘하려 들지 말고 강점 하나만 파고들라더니……'

맞습니다. 그런데 못 하는 일을 잔뜩 찾아낸 뒤 빠짐없이 다 잘할 수 있게 노력하라는 뜻이 아닙니다. 자신이 무엇을 못 하는지 알아야만 이후에 자신이 어떤 점을 갈고 닦아야 하는지 알 수 있다는 말입니다.

예전에 부푼 꿈을 안고 일본으로 돌아왔을 때 저 자신에게 크게 실망한 적이 있습니다.

'9·11 테러로 전환기를 맞은 지구촌을 변화시키겠다. 이 시대에 꼭 필요한 인재가 되겠다!'

누구보다 의욕에 차 있었는데, 현실 속의 저는 일본을 바꾸기는 커녕 나이로 보나 실력으로 보나 너무나도 부족한 미숙아에 불과하다는 사실을 깨달았습니다.

하지만 그때 '내가 아무것도 못 한다'는 사실을 깨닫지 못했다면 실망과 좌절의 구렁텅이에서 벗어나지 못 했을 것입니다. 한 걸음씩 꾸준히 나아가 실력을 쌓자는 생각도 못 했을 것입니다.

자신이 무엇을 못 하는지 알게 되면 좋은 점이 하나 더 있습니다. 내가 못 하는 일, 자신 없는 일을 깨닫게 되면 그 일을 잘하는 사람까지 시야에 들어오게 됩니다. 그러면 주저 없이 그 사람의 **도움을 받아야 합니다.** 회사나 팀, 가족 등 누구라도 좋습니다. 사람은 누구나 잘하는 일, 못 하는 일이 있습니다. 모든 것을 혼자서 해결하려 하지 말고, 서로 힘을 합하십시오.

자신이 못 하는 일을 일부러 찾아내십시오. 그런 다음에 그 일을 잘하는 남과 손을 잡고 자신의 한계를 깨부수도록 노력하십시오. 그러면 더 큰 가능성과 더 넓은 길이 열릴 것입니다.

조언 20 '자신이 못 하는 일'에 주목하고 한계를 넘어서 성장하라.

21

'다 안다'는 착각

제가 가장 경계하는 것이 바로 '그 정도는 다 알아'라는 생각입니다. 30대가 되면 사람은 둘로 나뉩니다. '다 안다'는 착각의 늪에 빠진 사람과 '나는 아무것도 모른다'고 자세를 낮추는 사람. 나이가 들면 어느 정도 경험을 쌓았기 때문에 실제로 해보지 않고도 '이런 식으로 하는 거겠지'라는 예상이 가능해집니다. 그런데 바로 그 부분이 함정입니다.

때로는 저도 '다 안다'고 생각하고 경솔한 발언을 하거나 쉽게 판단을 내리는 경우가 있습니다. 그런데 그럴 때마다 흠칫 놀라 다시 정신을 차립니다. '다 안다고 착각하지 말라'는 경계심이 들기 때문입니다. 정신을 차리고 나면 **해 보지 않으면 모른다**'고 마음을 고쳐먹고 실천에 들어가고, 결과를 검증하는 데 공을 들입니다.

제가 이런 생각을 하게 된 데에는 명문 사립 고등학교를 관둔 경험이 영향을 끼쳤습니다. 앞에서 어렵게 시험을 보고 들어간 고등학교를 관둔 적이 있다고 했죠. 선생님과 부모님이 모두 하나같이 "바보 같은 짓 하지 마라"고 저를 다그쳤습니다.

그런데 제 생각은 달랐습니다. 대부분이 모범생이었던 그 학교에서는 모두가 같은 생각을 하고, 같은 옷을 입고, 같은 보폭으로 걷는 것 같았습니다. 눈이 휘둥그레질 만한 새롭고, 재미있는 생각을 하는 사람은 아무도 없었습니다. 제게는 그런 상황이 너무나도 고통스러워 견딜 수가 없었습니다.

저는 그런 학교보다 잘 모르는 세상사에 더 끌렸습니다. 그러다가 눈에 띈 것이 만화 잡지 같은 데에 자주 등장하던 불량 서클이었습니다. 그 무렵 학교 가는 길에는 가끔 아이들을 괴롭히는 불량 고등학생들이 나타났습니다. 험한 얼굴로 돈을 내놓으라고 협박하는 고등학생들을 만날 때면 정말이지 무서웠습니다.

그래도 '무섭다'는 것은 기존에 내가 접하지 못했고, 알지 못했던 무언가가 있다는 뜻입니다. 저는 바로 그런 미지의 세계에 '나를 성장시키는 비밀'이 있을 거라 생각했습니다. 그래서 스스로 미지의 세계에 뛰어들기로 했습니다. '내가 모르는 세계에는 대체 무엇이 있는지' 보고 싶었고, '내가 느낀 공포심의 정체가 무엇인지' 제대로 파악하고 싶었기 때문입니다.

그래서 주위의 반대를 무릅쓰고 동네 공립 고등학교로 전학을 갔고, 금발로 염색을 한 채 불량학생들과 어울렸습니다. 오토바이를 타고 돌아다니기도 했고, 주먹 싸움도 했습니다. 그 아이들과 어울려 보니 그들이 무슨 생각을 하는지, 어떤 행동을 할 때 쾌감을 느끼는지 알 수 있었습니다. 그리고 그들의 약점을 알고나니 더 이상 그들이 무섭게 느껴지지 않았습니다.

저는 그들을 속속들이 파악했고 무의미한 생활속에 유치하다 생각이 들 무렵 불량 서클을 나왔습니다. 물론 이별의 대가로 고생을 하기도 하였습니다. 그래도 만족스러웠습니다. 더 이상은 그들이 무섭지 않았기 때문입니다. 참 멍청한 짓이었지만, **'직접 뛰어들어 공포심의 정체를 알고 나서 극복한'** 체험은 제게 아주 큰 경험으로 남아있습니다.

그 과정에서 맞는 것만큼 때리는 것도 괴롭다는 것을 알게 되었습니다. 그래서 저는 토론은 좋아하지만 토론이라는 이름으로 공격이나 비방은 하지 않습니다. 나중에 제가 더 큰 고통을 느끼게 된다는 것을 알기 때문입니다. 주먹질해 본 과거가 있어서일 것입니다.

사람은 경험하지 못한 일에 대해 망상을 품게 마련입니다. 망상은 긍정적으로 작용할 수도 있지만, 부정적으로 작용하는 경우가 더 많은 것 같습니다. 경험하지 못한 일에 대한 망상은 우리가 몸소 부딪히지 않는 한, 점점 커져서 거대한 괴물로 변합니다. 그러니

'다 안다'는 생각을 버리고 뭐든 직접 겪어야 합니다.

실제로 달려들어 보면 자신이 정말 하고 싶었던 일인지 아닌지를 알 수 있습니다. 또 실제로 경험해 보면 호기심이 해소됩니다. 직접 해 보아야 비로소 '이건 내가 정말 원하는 일이 아니구나'라는 판단을 할 수 있습니다. 머리로만 생각하면 호기심이 커질 뿐 다음 단계로 나가기 어렵지만, 해 보면 자신에게 맞는지 아닌지, 그만해야 할지 계속해야 할지 결론을 내릴 수 있게 됩니다. 그렇게 하나의 단계를 거치면 그다음 관심거리가 눈에 들어오겠지요. 저는 그런 과정의 반복이야말로 자신의 가능성을 넓히는 지름길이라 생각합니다.

조언 21 직접 경험함으로써 공포심과 동경심의 정체를 밝혀라.

끼리끼리 어울려서는 성공할 수 없다

일본 시마네(島根) 지방의 한 어부에게 들은 이야기입니다. 그 어부가 살던 포구 마을에서 한때 물고기가 전혀 잡히지 않았던 시기가 있었다고 합니다. 동네 사람들은 날씨 탓이다 뭐다 불평만 할 뿐 상황을 개선할 노력은 전혀 하지 않았습니다.

그때만 해도 젊었던 어부는 불평한다고 나아질 일이 아니라 생각했다고 합니다. 인조 미끼를 다양하게 변형시켜 조금이라도 물고기를 잡을 궁리를 했습니다. 옛날부터 그 마을에서는 한 가지 색의 미끼만 줄곧 써왔기 때문에 우선은 여러 가지 색깔을 칠해 보았습니다. 마을 사람들은 어부의 행동을 비웃고 돌아서서 욕을 했습니다. 그래도 그는 몇 달 동안 묵묵히 같은 시도를 반복했습니다.

그러던 어느 날부터 갑자기 엄청난 양의 물고기가 잡혔습니다. 지금껏 생각지도 못한 색색의 인조 미끼를 쓴 덕이었습니다. 그를 바보라 놀리던 사람들은 돌연 태도를 바꾸더니 어부에게 미끼 만드는 법을 가르쳐달라고 애원했습니다. 어부는 어떻게 했을까요? 그는 조금도 언짢은 내색을 하지 않고 마을 사람들에게 새 미끼 만드는 법을 알려 주었습니다. 결국 마을을 위기에서 구했다고 합니다.

어부는 제게 이런 말을 했습니다.

"오래 이어져 온 것, 써 온 것들은 언제나 똑같아 보이지만, 사실은 조금씩 변하고 있다네. 변해야 하고 말이야."

저는 그 말에 강렬한 충격을 받았습니다. 어부가 살던 마을에 하나의 가치관만 인정되고 모두 그 가치관만 따랐다면 마을 공동체는 결국 쇠퇴했을 것입니다.

어부는 이런 말도 했습니다. 마을 사람들은 그물을 이용하지 않는 전통 낚시방식을 고수하지만, 아무리 전통이 소중하다 해도 끊임없이 새로운 시도를 하지 않으면 언젠가는 전통을 지키기조차 어려워질 수 있다고 말입니다.

저도 그런 깨달음을 얻은 적이 있습니다. 세계에 흩어진 수많은 히피 공동체를 여행했을 때였습니다. 구성원의 대부분이 자연을 사랑하는 훌륭한 사람들이었지만, 공동체의 성격 자체가 폐쇄적이고 구성원들의 의사를 반영하지 않는 경우를 보았습니다. '자연 회귀'와 '상식에 얽매이지 않는 삶'을 추구하는 그들의 철학과 생활은 분명 매력적이고 훌륭했습니다.

하지만 같은 철학을 가진 사람들이 모인 만큼 모두가 동일한 가치관 하에 움직입니다. 이렇게 되면 막상 문제가 발생했을 때는 공

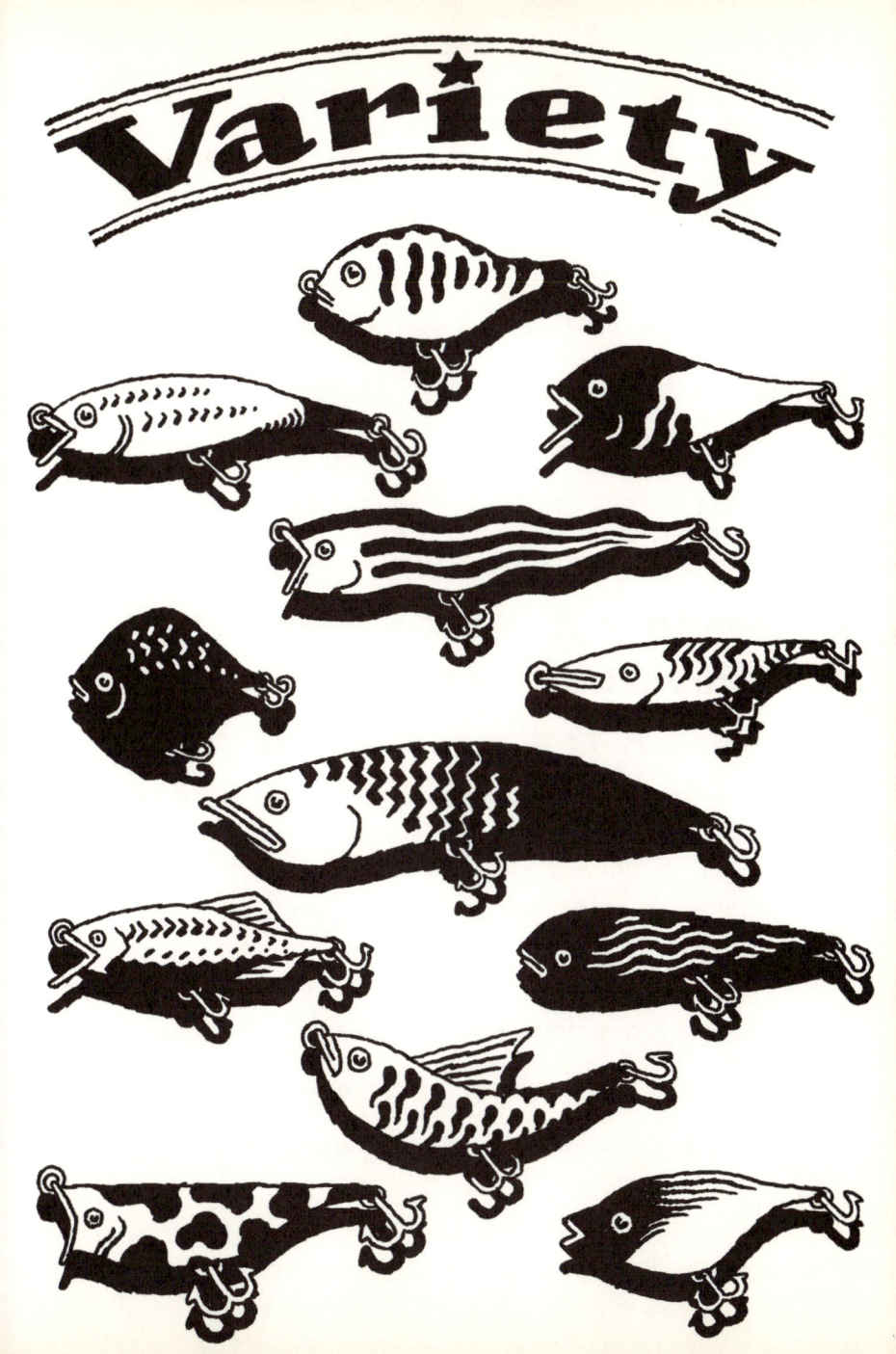

동체의 약점이 대단히 쉽게 노출된다는 것을 알 수 있었습니다. 스스로 객관적으로 볼 수 없어서 시대의 흐름에 발맞추지 못했을 때나 그룹 전체가 이상한 방향으로 흐르기 시작했을 때 지적하고 고쳐줄 수 있는 사람이 없었던 것입니다. 그런 탓에 하나의 가치관만 맹신하는 공동체는 일정 시점까지는 잘 굴러갈지 모르지만 머지않아 붕괴할 수도 있습니다. 혼자의 힘으로 혼자 성공을 향해 달릴 때도 마찬가지 맹점이 있습니다.

따라서 꼭 이루고 싶은 목표가 있을 때는 사고방식이나 경험이 다른 다양한 구성원을 모으는 것이 좋습니다. 업무와 관련해 팀을 꾸릴 때도 마찬가집니다. 최강의 팀을 만들려면 의도적으로 다양한 구성원을 모으는 것이 매우 중요합니다. 회사면 회사, 프로젝트면 프로젝트와 관련해 전체의 커다란 문화는 공유하면서도 각자가 지닌 타고난 성향, 사물을 보는 눈, 사고방식, 장점은 다양성이 풍부할수록 좋습니다.

사람에게는 원래 끼리끼리 모이는 습성이 있습니다. 그러니 일부러라도 서로 다른 사람들이 뭉치고, 함께 의견을 나누며, 하나의 프로젝트를 수행해야 합니다. 그렇게 할 때 팀은 활기를 띠게 되고,

각 개인도 다양한 사고방식을 흡수해 새로운 모습으로 변신할 수 있습니다.

| 조언 22 | 하나의 가치관만 고집해서는 안 된다. 다양성이야말로 변화하기 위한 자양분이다. |

23

죽을힘을 다해서 달렸는가?

열심히 했지만, 결과가 좋지 않았다고 얘기하고 싶을 때 다시 한 번 자신에게 물어보십시오.

'정말 죽을힘을 다해 달렸나?'

노력의 임계선, 또는 그 직전에서 한계라 생각하고 중단하지는 않았는지 물어보십시오.

무슨 일이건 끝까지 철저하게 해내는 것이 중요합니다. 생각 하나를 하더라도 **'머리가 다 빠져버릴 만큼 깊고 골똘히 생각하라'**는 것이 제 좌우명입니다. 참고로 이 좌우명이 나오기까지 저의 슬픈 경험이 있습니다. 저는 초등학교 시절, 중학교 입시 공부에 과하게 몰두한 나머지 탈모 증상이 나타난 적이 있습니다. 정말 중요한 일이라면 머리카락이 빠질 만큼 생각하고, 또 생각한 뒤에 '생각해 봤다'는 말을 하는 것인지 자문해 보십시오. 답이 달라질 것입니다.

예를 들어서 아이디어가 떠오르지 않아 괴로울 때면 이렇게 생각해보십시오. 그 분야의 일인자 앞에서도 '더 짜낼 수 없을 만큼 다 짜냈다'고 자신 있게 말할 수 있는지? 패션 분야에서 일하는 분이라면 유니클로의 야나이 다다시(柳井正) 회장 앞에서도 '아무리 생각해도 이 분야에서 성공할 아이디어는 없다'고 말할 수 있을까요? 아마 그렇지 않을 것입니다. **'그 사람 앞에서는 창피해서도 그런 말 못한다'**는 생각이 들지 않습니까? 누구 앞에서나 자신 있게 얘기할 수 있을 만큼의 노력을 하십시오. 그것이 '한계를 넘는 길'입니다.

사람은 자기 뇌의 10% 정도밖에 사용하지 않는다고 합니다. 그러니 20% 정도 사용하겠다는 각오를 다지십시오. 생각할 때는 머리가 뜨끈뜨끈 김이 날 때까지 '이제 됐다'고 생각하지 말고 끝까지 파고드십시오. 그것이 30대의 성장 폭을 좌우합니다. 목표를 향해 노력할 때도 그 노력이 정말 한계를 넘어섰는지 아닌지가 성공 여부를 결정짓습니다. 어디를 가나 통용되는 실력, 즉 '재현성'을 갖춘 실력이 필요합니다. 그렇게 철저하게 파고든 후에야 몸에 배는 법입니다.

그럼 '철저하게 파고들었다'는 것은 어느 정도를 말하는 걸까요? 제게는 그 판단 기준이 있습니다. 어릴 때 아버지께서 들려주신 말씀입니다.

"달리고, 또 달려서 이제 더 이상은 달릴 수 없다 싶은 생각이 들면 그때부터 연습은 시작된단다. 그 전까지는 워밍업, 다시 말해 준

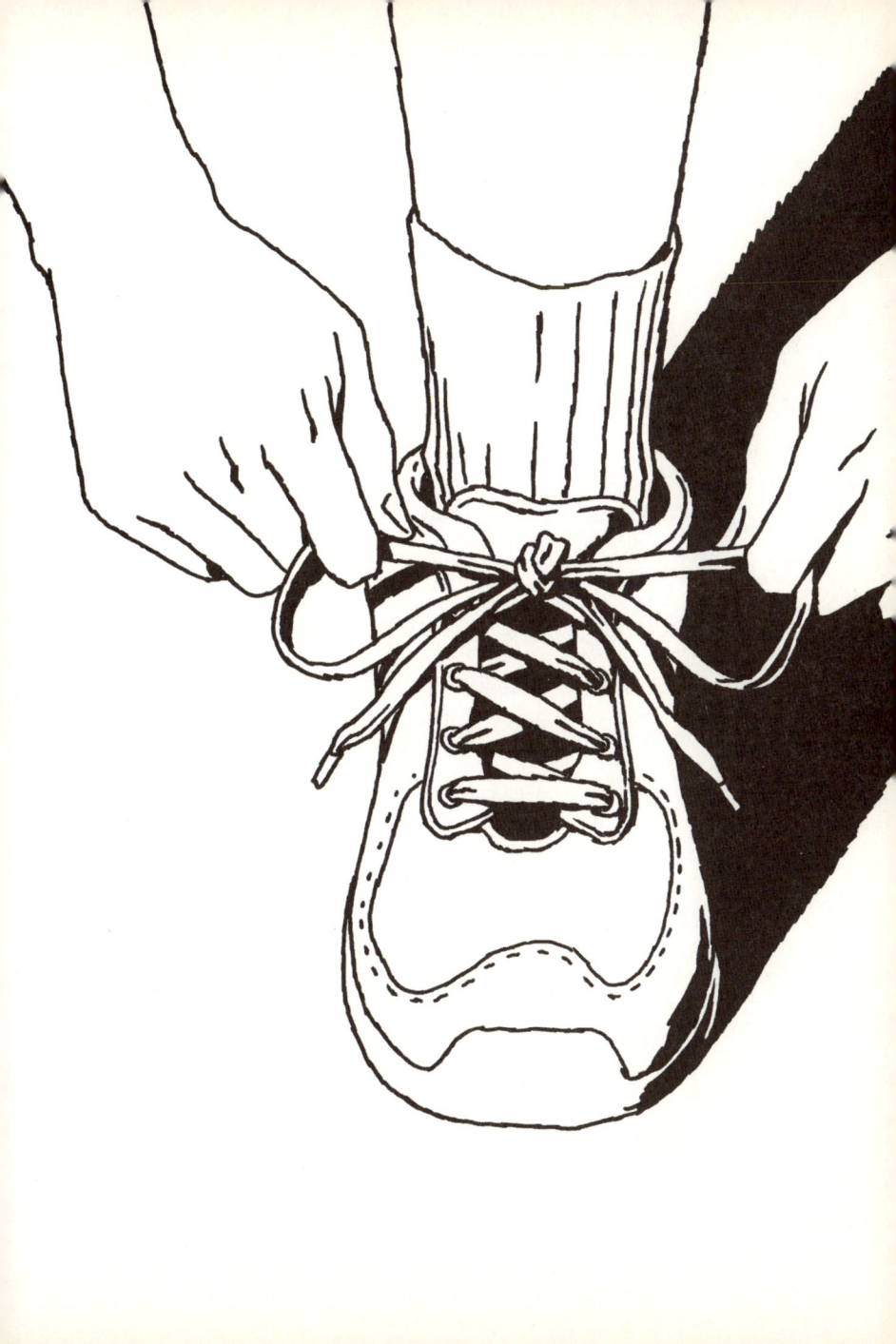

비운동이야."

아버지는 학교 다닐 때 구간 마라톤 선수였습니다. 그때 감독님께서 늘 강조하신 말씀이라고 들었습니다.

달리고, 또 달려서 더 이상은 한 발짝도 못 떼겠다, 여기가 나의 한계다 싶은 선 너머를 또 달리라는 말입니다. 한계를 넘어선 세상을 달려야 실력이 붙는다는 말이지요. 그 전까지는 단순한 준비운동, 또는 소모전에 불과하다는 것입니다.

어떤 사람의 한계가 10킬로미터라고 합시다. 10킬로미터를 달린 뒤, 10킬로미터를 한 번 더 달리면 추가 10킬로미터만큼이 그 사람에게 새롭게 피와 살이 되는 것입니다. 1킬로미터라도 좋고, 한 걸음 또는 두 걸음도 좋습니다. 한계를 넘어선 만큼은 반드시 당신의 실력이 될 것입니다. 뒤집어서 말하면 바로 그 한 걸음, 두 걸음을 내딛지 않는 한 그 사람에게 진보는 없다는 뜻입니다. 단 한 걸음이라도 내디딜 때 커다란 벽을 뛰어넘을 힘이 내 몸에 붙게 됩니다.

일할 때도 저는 언제나 아버지의 말씀을 명심합니다. 그래서 이렇게 되뇌곤 합니다.

"충분히 애썼다, 더 이상은 못한다는 생각이 들 때부터 나의 진짜

승부는 시작된다."

그래서 '노력을 멈추기 전에 한 통만 더 전화를 걸자, 한 건만 더 기획서를 만들자!'라는 생각을 합니다. 그렇게 해서 끌어낸 결과물이야말로 진짜 값어치가 있습니다. 이렇게 한계를 넘으면 자신의 새로운 가능성이 기다리고 있습니다.

| 조언 23 | 성장을 멈춘 사람이 되지 않으려면 한계를 넘어서는 습관을 들여라. |

4

남의 시선이 신경 쓰일 때 나 자신에게 던지는 질문

> "모두 내가 입은 옷을 보고 웃었지.
> 그래도 그게 내 성공의 열쇠였어.
> 난 다른 사람과 다르게 입었거든."
>
> 코코 샤넬(Coco Chanel)

델에서 영업사원으로 일하면서 저는 제 시야가 얼마나 좁은지 느꼈습니다. 그래서 좀 더 넓은 세상을 보기 위해 다시 여행을 떠나야겠다고 마음먹었습니다. 결심이 서자마자 사직서를 내고 2년 동안의 세계 여행을 떠났습니다.

처음 도착한 곳은 중국이었습니다. 중국 문화를 접하면서 저는 줄곧 제 시각이 송두리째 뒤집히는 충격을 받았습니다. 우선 공중화장실에 문이 없었습니다. 그리고 바닥에는 폭 20센티미터 정도 되는 수로가 있었습니다. 제 눈앞에서 쭈그리고 앉아 일을 보던 어떤 할아버지는 일을 보는 도중에 제 수염을 만지며 "너 참 잘생겼다."고 말을 걸기도 했습니다. 길 가던 예쁜 아가씨가 갑자기 침을 '퉤!'하고 뱉는 광경도 봤습니다. 버스 바닥에는 언제나 쓰레기가 널려있었습니다.

처음에는 중국 사람들이 공중도덕을 모르고 도덕심도 없다고 생각했습니다. 문화 수준이 낮은 국가라고 일방적으로 결론 내리기도 했습니다. 하지만 점차 그건 잘못된 생각이라는 것을 알았습니다. 그들은 문화 수준이 낮은 것이 아니라 우리와 다를 뿐이었습니다.

따져 보니 제 가치관은 제가 태어나 자란 환경이 만들어 놓은 상식일 뿐이었습니다. 그런데 그들에게는 그들의 상식이 있었습니다. 제게 비상식으로 보인 것이 그들에게는 상식이었고, 반대로 제 상식이 그들에게는 비상식으로 비칠 수 있었습니다. 사람은 모두 상식이라는 이름을 가진 저마다의 필터를 통해 사물을 봅니다. 따라서 눈에 들어오는 사물의 모습은 필터를 통한 결과물에 불과합니다.

예를 들어서 중국에서 만난 유럽인 여행자들은 중국이 미국보다 훨씬 멋지다고 칭찬했습니다. 같은 사물을 보고도 일본인들은 중국보다 미국 문화가 더 멋지다고 할 게 분명했습니다. 유럽인 여행자들은 일본인들과는 전혀 다른 필터를 통해 중국을 본 것입니다. 다른 나라의 문화를 접할 때는 자신의 필터를 버리고 사실만을 똑바로 보아야 합니다. 해석을 덧붙이면 안 됩니다. 그것이 제가 중국에서 배운 바입니다.

사실만을 순수한 눈으로 바라보기, 자신의 가치관으로 함부로 판단하지 말기, 그리고 타인의 가치관에 좌우되지 않기. 중국을 여행하면서 이런 철학을 가지게 된 덕에 히피 공동체를 둘러보고 다닐 때는 그들의 문화에 흠뻑 빠져들 수 있었습니다.

로스앤젤레스의 베니스 비치(Venice Beach)에서 만난 히피들은 온종일 악기를 연주하며 돈을 벌고, 교회가 제공하는 무료 급식으로 생활하고 있었습니다. 만약 제가 그들을 '곤궁한 사람들' 또는 '무료 급식이나 먹는 불안정하고 불쌍한 사람들'로 봤다면 그들의 매력을 제대로 느끼지 못했을 것입니다. 그런데 그들은 매일 음악을 즐겼고, 음악과 예술을 통해 인생의 의미를 구현하고 있었으며, 사랑과 넉넉한 심성에 관해 늘 생각하는 멋진 사람들이었습니다.

게다가 그들은 저를 편하게 받아들여 주었고 함께 음악을 하며 돈과 밥을 나누어 주었습니다. 자신에게 즐거운 일, 설레는 일을 하면서 돈을 벌었고, 갑자기 나타난 이방인을 수용할 줄 아는 사람들이라니 얼마나 감동적입니까? 그때의 감동을 저는 아직도 생생하게 기억합니다. 내가 가진 가치관의 필터를 버리고 눈앞에 있는 그들의 문화에 온전히 들어감으로써 저는 새로운 가치관과 인생을 사는 힌트를 얻을 수 있었습니다. 더는 '평가'하지도 않게 되었습니다.

우리는 평가가 아니라 사실에 주목해야 합니다. 남의 평가나 시선에 현혹되지 말고 사실만을 바라봐야 합니다. 나는 나, 남은 남입니다. 누군가 이런 말을 했습니다.

"다 다른 사람들이고, 다 좋은 사람들이다."

4장에서는 남의 시선이 신경 쓰일 때 나 자신에게 던지는 질문을 모아 소개하겠습니다.

콤플렉스를 뜯어고쳐야 할까?

단언컨대 콤플렉스가 없는 사람은 없습니다. 남과 다른 부분이나 불완전한 부분, 약한 부분 등 사람마다 콤플렉스도 각양각색일 것입니다. 어쨌든 남들이 보기에는 아무것도 아니라도 본인은 상당히 신경 쓰이는 부분이 바로 콤플렉스입니다.

그래서 사람들은 콤플렉스가 있으면 어떻게든 고치려 들거나 숨기려 합니다. 그런데 저는 그럴 필요 없다고 생각합니다. 원래 사람은 각자 다릅니다. 달라서 좋은 것입니다. 장점과 마찬가지로 단점도 자기에게만 있는 개성이고, 생각하기에 따라서는 강점으로 바꿀 수도 있습니다. **사실 콤플렉스야말로 몰개성에서 탈피할 수 있는 관건**이 됩니다.

어린 시절, 저는 털이 많아 고민이었습니다. '그런 게 무슨 고민거리냐?'라고 웃을지 모르지만, 솔직히 말해 온몸에 털이 수북합니다. 아주 어릴 때도 손발에 털이 많아 수영장에 가거나 체육 시간이 되면 부끄러웠습니다. 남들과 다르다는 사실이 너무나도 명백히 드러나 견딜 수 없이 싫었습니다. 그래서 어떻게든 그 사실을 덮어 버리고 싶었습니다.

그뿐 아닙니다. 처음 만나는 사람들은 대부분이 혼혈이냐고 물을 만큼 이목구비가 매우 뚜렷한 것도 콤플렉스였습니다. 귀엽다, 멋있다고 말해주는 친구도 있었지만, 놀리는 아이들도 많았기 때문입니다. 동시에 쏟아지는 양 극단의 평가 때문에 어린 저는 혼란스러웠습니다. 나 자신을 어떻게 받아들여야 할지 도무지 알 수가 없었습니다.

하지만 나이가 들면서 이해하게 되었습니다. **같은 현상이라도 어떤 사람의 눈에는 좋게 보이고, 어떤 사람의 눈에는 나쁘게 보이는 게 세상 이치**라는 사실을 말입니다. 한 사람 머릿속에도 상반되는 두 가지 의견이 존재할 수 있습니다. 저도 같은 사안을 두고 좋다고 생각할 때와 나쁘다고 생각할 때가 있습니다. 그건 아주 자연스러운 현상입니다. 그렇게 이해하고 나니 저 자신의 자랑스러운 부분과 어두운 부분을 모두 수용할 수 있는 여유가 생겼습니다. 그래서 이제는 아무리 칭찬받아도 우쭐대지 않고, 아무리 비난받아도 필요 이상으로 좌절하지 않습니다.

마음가짐이 이렇게 바뀌면 자기 자신에 대해 엄격해질 수도 있고, 더 잘하고 싶은 마음도 생겨서 좋습니다. **콤플렉스를 극복한다는 것은 나쁜 점을 고친다는 의미가 아닙니다. 콤플렉스를 인정한다**

는 의미, 다시 말해 받아들이게 된다는 의미입니다. 자신에게 그런 부분이 있다고 인정한다고 해서 신경이 안 쓰이지는 않습니다. 마음에 들지 않는 부분, 몹쓸 부분을 보면 여전히 슬프고, 속상하고, '제발 안 그랬으면 좋겠다'라는 생각이 듭니다.

그래도 제 경험에 비추어 보면 콤플렉스가 있으면 결과적으로 크게 성장할 수 있습니다. 숨기지 말고, 피하지 말고, 똑똑히 응시하다 보면 콤플렉스도 나름의 동기부여 요소가 되기 때문입니다. 사람들은 대개 개성이 없다고 고민합니다. 그런데 특별히 잘난 데도 없고, 눈에 띄는 특징도 없는 사람은 차라리 콤플렉스를 드러내는 편이 좋습니다. 숨기지 않고 드러내기만 해도 콤플렉스는 개성이 됩니다. 서양인 못지않게 윤곽이 뚜렷한 제 얼굴과 온몸을 덥수룩하게 뒤덮은 털도 개성이라 생각하면 싫은 감정이 덜 듭니다.

여러분은 콤플렉스를 어떻게 받아들이겠습니까? 자신을 망치고 인생을 재미없게 만드는 부정적 요소로 받아들일 수도 있고, 자신을 한층 더 성장시키고 다음 단계로 나가게 하는 엔진으로 삼을 수도 있습니다. 나아가 개성 또는 매력으로 승화시키려 도전할 수도 있습니다.

어떤 선택을 하는지에 따라 여러분의 내일은 완전히 달라질 것입니다.

조언 24 콤플렉스는 고민거리가 아니다, 개성이 없는 게 고민거리다.

사람을 구분 짓지 마라

어릴 때 저는 어른들은 죄다 거짓말쟁이라고 생각했습니다. 어른들이 나누는 대화를 들어 보면 진심을 이야기하지 않는 경우가 태반이었기 때문입니다. 어른들에게 왜냐고 물어봐도 그들은 이리저리 얼버무리기 일쑤였습니다. 하지만 아이들도 알 건 다 압니다.

결국 저는 일찍부터 '완벽한 어른은 없다. 어른들도 잘못을 저지른다'라는 것을 알아버렸습니다. 그래서 부모님이나 선생님 앞에서도 주눅 들지 않고 할 말을 하면서 컸습니다. 심지어 말싸움 끝에 어른들을 설득시키기도 했습니다. 어른들은 그런 저를 분명 성가시고 상대하기 어려운 아이라 생각했을 것입니다.

저는 건방지게도 상대의 지위나 나이에 상관없이 사람과 사람의 관계는 대등해야 한다는 생각을 했습니다. 그 생각은 어른이 된 지금도 변함없습니다.

회사 직원들도 저를 '사장님'이라는 호칭 대신 별명으로 부르고 우리 집 아이들도 그렇게 부릅니다. 세상 그 누구와도 진심으로 통하고 싶은 저로서는 누군가가 제 결점을 지적해주면 대환영입니다. 결점이 너무 많기 때문에 솔직하게 말해주는 상대가 얼마나 고마운지 모릅니다.

"당신의 이런 점이 안 좋아요."

"요즘 이러이러하던데 조심하는 게 좋겠어요."

직원들이 해주는 이야기를 저는 아주 소중하게 받아들입니다.

그리고 "미안, 반성할게."라거나 "내가 잘못했다."라는 솔직한 심정을 전합니다. 직원들과 대등한 관계에 있어야만 회사의 좋지 않은 부분을 이야기할 수 있고, 재빠르게 개선할 수 있습니다. 외부 사람들은 그런 부분을 우리 회사의 엄청난 강점으로 꼽습니다.

마찬가지로 저는 상대에게서 거부감이나 불쾌감을 느꼈을 때도 솔직히 전달하고자 합니다. 상대가 윗사람이라도 눈치 보지 않습니다. 의외라고 생각할지 모르지만 **솔직한 심정을 표현했다고 해서 관계가 나빠지는 경우는 거의 없습니다.** 만약 문제가 생긴다고 해도 그 사람과는 거기까지가 인연이라고 생각하면 그만입니다.

30대가 되면 만나는 사람들의 범위가 정해지기 십상입니다. 자신과 닮은 사람, 자신과 사회적 위치가 가까운 사람……. 그렇게 친구를 골라 편협한 가치관 아래 살아가는 사람이 적지 않습니다. 그런데 인간으로서의 폭을 넓히고자 한다면 그 누구와도 대등한 관계를 쌓아야 합니다. 그래야 성장할 수 있고, 인생에서 새로운 발견을 할 수 있으며, 관점이 눈에 띄게 유연해집니다. 그러니 가능하면 굳이 나와 정반대인 사람을 만나는 것도 좋은 방법입니다.

예를 들어서 여러분이 안정을 최고 가치로 여기는 회사원이라면 자유롭게 꿈을 좇는 음악가를 만나보십시오. 취미가 운동인 사람은 장기나 바둑처럼 두뇌를 쓰는 종목에 도전해 보고 그 방면의 사람들과 대화를 나눌 수도 있을 것입니다.

상대에 대한 이해가 깊어지면 서로에게서 배울 점이 드러나고, 그 과정에서 우리는 서로 다른 두 가지 가치관을 수용할 수 있습니다. 그렇게 우리는 큰 사람이 되는 것입니다.

조언 25   **성장하고 싶다면 사람을 구분하지 말고 다양하게 만나라.**

튀어봐야 소용없다?

• 4장 • 남의 시선이 신경 쓰일 때 나 자신에게 던지는 질문

만약에 진짜 하고 싶은 일이 있다면 세상을 향해서 자신 있게 밝히십시오. 그래야 주위 사람의 협조를 얻을 수 있습니다. 물론 내용에 따라서는 불가능하다며 고개를 절레절레 흔드는 사람이 있을 수도 있습니다. 그래도 정말 하고 싶은 일은 표가 나는 법입니다. 분명히 알아주는 사람이 나타나고, 그리고 열정을 가지고 덤비는 한, 남들도 어느 정도 응원해 줄 것입니다.

다시 옛날 이야기로 돌아가면, 일 년만에 졸업하기 위해서는 해당 단원을 일본 고등학교에서 다 배웠다는 사실을 증명해야 했습니다. 선생님들과 학교측 관계자들의 협력도 필요했습니다. 우여곡절이 있고 1년 만에 고등학교 과정을 끝내자 학교에서는 그 노력을 인정해줬습니다. 저는 매해 전교생 중 단 한 명에게 수여하는 '후즈 후 어워드(Who's who Award)'라는 상을 받았습니다.

무언가를 실현하려 할 때 '열정과 행동'이 얼마나 중요한지를 저는 그 경험을 통해 배웠습니다. 그리고 이런 깨달음도 얻었습니다.

'모난 돌은 정을 맞고, 튀어나온 못은 망치를 맞는다. 그런데 특출나게 튀어나온 못은 누군가가 뽑아가서 다른 곳에 써 준다.'

일본 사람들은 남과 다른 행동을 싫어해서 튀어나온 못이 있으

면 억지로라도 박아 넣으려는 성향이 강합니다. 그런데 아무리 두들겨 맞아도 안 들어가는 못이 있습니다. 이리 치고 저리 쳐도 안 들어가는 못은 어쩔 수 없이 빼낼 수밖에 없지 않겠습니까? 우리도 그렇게 자기 신념이 강한 못이 되면 새로운 길이 열립니다. 굳은 신념으로 힘껏 도전하면 천지 신령도 도와줄 거라고 저는 믿습니다. 그 덕에 예상치 못한 기적이 일어나는 경우도 많이 봤습니다.

1년 만에 졸업하기에 성공한 것은 저 혼자 잘나서 이룬 결과가 아니라 미국의 국민성도 영향을 미쳤을 거라 생각합니다. 미국에는 뭔가 재미있는 일을 하고 싶은 사람, 스스로 해 보겠다고 적극적으로 나서는 사람을 열심히 응원해 주는 분위기가 있습니다.

그에 비해 일본에서는 튀어나온 못이 망치를 맞습니다. 그래서 남들과 다른 짓, 튀는 짓을 하면 미국보다 많이 두들겨 맞기 쉬운데 정을 맞고 망치를 맞으면서도 끝까지 튀면 결국에는 박아 넣지 않고 뽑아줍니다. 그러니 박히기 싫으면 뽑히는 못이 되어야 합니다. **조금 두들겨 맞았다고 쑥 기어 들어간다면 자신의 신념이 부족한 것입니다.**

저도 약간의 반대에 부딪힌 후 곧바로 수긍하고 깨끗이 물러난

적이 여러 번 있습니다. 지금 와 돌이켜 보면 그건 정말 하고 싶은 일이 아니었습니다. 그저 즉흥적인 발상에 몸이 달았던 것입니다. 그런 일은 손을 떼길 잘했다고 생각합니다.

얌전히 수긍한다는 것은 **'이 길이 아니다'**라는 나 자신으로부터의 신호이기 때문에 그만뒀다고 해도 아쉬워할 필요가 없습니다. 오히려 다행입니다.

'이 길은 내가 갈 길이 아니다'라고 알게 되면 다음에 정말 자신이 하고 싶은 일을 찾을 수 있기 때문입니다. 정과 망치를 맞았을 때 자신의 반응을 살펴보십시오. 그러면 자신의 신념이 얼마나 강한지 따져볼 수 있습니다.

| 조언 26 | 약간 튀어나온 못은 두들겨 맞지만, 왕창 튀어나온 못은 뽑혀서 더 나은 자리에 쓰인다. |

27

비밀을 버려라

누구나 남에게 들키고 싶지 않은 비밀 하나쯤은 있습니다. 수치스러워서 때로는 '죽어도 들키지 않겠다'고 필사적으로 버티기도 합니다. 그런데 **'절대 들키지 않겠다'는 생각은 버리는 것이 좋습니다. 그래야 더 나은 인간관계를 만드는 데도 도움이 됩니다.**

대개 수치를 감추려는 생각은 못난 자존심에서 비롯됩니다.

'이제 와 이런 질문을 하면 비웃겠지?'

'나의 약점을 알고 나면 나를 싫어할 거야.'

이런 식으로 남이 나를 어떻게 생각하는지, 어떻게 보는지를 일일이 신경 쓰다 보면, 처음에는 작은 일이었는지 몰라도 어느새 쌓이고 쌓여 점점 감추고 싶은 비밀이 커지게 됩니다. 사실 수치스러워하는 내용도 남들이 보기에는 별일 아닌 경우가 많습니다.

저는 어릴 적에 털이 많다는 사실을 감추고 싶었습니다. 어머니에게 제모 클리닉에 보내달라고 몇 번이나 졸라댔지만, 어머니는 허락해주지 않았습니다. 털이 많다는 사실을 나 자신은 정말 창피하게 여겼어도 남이 보기에는 '아, 털이 좀 많구나'하는 가벼운 인상을 줄 정도밖에 안 됐기 때문일 것입니다.

잘 모르면 창피해하지 말고 모른다고 하면 됩니다. 모르는 내용을 가르쳐 달라고 요청하면 되는 것입니다. 모르면서 아는 척하면 진정한 인간관계를 만들기 어렵습니다. 우리 회사에서는 직원들에게 **'어떤 경우에서도 모르는 내용은 모른다고 해야 한다'**는 생각을 철저하게 주입합니다.

사실 모른다는 건 창피한 일이 아닙니다. 어른이 돼서도 세상에는 아는 내용보다 모르는 내용이 훨씬 많습니다. 적어도 저는 그런 생각으로 살아왔습니다. 그랬기 때문에 선배들에게 많이 배울 수 있었고 좋은 경력도 쌓을 수 있었다고 생각합니다.

죽어도 들키기 싫은 비밀이 중대한 트라우마와 관련된 내용이라 해도 가슴 속에 꼭꼭 숨겨두지 않는 것이 좋습니다. 물론 고통스러운 트라우마일수록 마음에서 완전히 지우기는 어렵지만, 그럴 때는 남에게 털어놓는 것이 좋습니다. '이런 일이 있어서 크게 상처받았다'고 말로 표현하라는 것입니다.

다른 사람에게 말하는 과정에서 자신만이 겪는 고민이 아님을 알게 되는 경우도 종종 있습니다. 마음이 홀가분해지는 새로운 시각을 얻을지도 모릅니다. **혼자 꽁꽁 싸매고 있을 때는 큰일이었어도 한 걸음 물러나 객관화하면 대개 의외로 간단하게 여겨지는 법**

입니다.

창피하다고 비밀을 만들어 끝까지 지키는 데는 자신도 모르게 엄청난 에너지가 소모됩니다. 하지만 털어놓고 나면 지금까지 비밀을 지키려고 소모하던 에너지를 정말 중요한 곳에 쓸 수 있습니다. 또 들키지 않으려고 이제껏 해오던 부자연스러운 행동을 더는 할 필요가 없어서 자연히 열린 사람으로 변하게 됩니다. **사람이 사람을 만날 때는 상대의 행동이 자연스러운지, 아니면 무언가를 감추려고 꾸미는지를 본능적으로 알아챌 수 있습니다. 그리고 당연히 자연스러운 사람과 함께 하기를 원하게 됩니다.**

울고 소리치면 어떻습니까? 자신의 속내를 털어놓으십시오. 절대 부끄러운 일이 아닙니다. 꼴불견이면 어떻습니까? 가슴 속에 쌓인 것을 토해 내고, 숨김없는 자세로 사십시오. 그러면 자기 안에서 잠자던 힘이 불끈불끈 솟아오를 것입니다. 자기 자신도 놀랄 만큼 말입니다.

조언 27	인간관계를 호전시키고 싶다면 '죽어도 들키기 싫은 비밀'을 버려라.

• 4장 • 남의 시선이 신경 쓰일 때 나 자신에게 던지는 질문

5

결국 나이가 들수록 전부를 걸만 한 일을 찾게 된다

오늘이 인생의 마지막 날이라면
지금 하려 하는 일을 계속할 것인가?

스티브 잡스(Steve Jobs)

저의 부모님은 두 분 다 생활력이 강하다고 알려진 오키나와 출신입니다. 오키나와에는 전쟁으로 모든 것을 잃었다가 다시 일어선 참혹한 역사가 있습니다. 한때 세계 각지로 이민 가는 사람들이 가장 많은 지역도 오키나와였습니다. 하와이, 미국 본토, 브라질에 이민 간 친척도 있습니다. 그런 집안 내력 때문인지 제 안에는 오키나와 사람들의 정서가 존재합니다. 어떤 절망스러운 경우에도 다시 일어서는 헝그리 정신과 해외로 나가려는 생각 말입니다.

제가 지나온 길을 돌아보면 파란만장이라는 표현이 딱 들어맞습니다. 이리 가면 두들겨 맞고, 저리 가면 다시 제자리로 돌아가라는 요구를 받곤 했지요. 그런 경험들을 통해 살다 보면 언제 무슨 일이 일어날지 모른다는 뼈저린 교훈을 여러 번 얻었습니다. 무언가 굳은 결심을 해놓고도 시간이 지나면 마음이 변할 수 있다는 것도 압니다. 주위의 상황, 사회 등 모든 것이 변화하고 있습니다. 특히 요즘은 그런 시대입니다.

그러니 서른을 넘었다고 해서 반드시 안정된 직업을 찾아야 하는 것도 아니고, 평생을 바칠 직장에 들어가야 할 필요도 없습니다. 어차피 정해놓은 대로는 흘러가지 않기 때문입니다. 지금 이 순간

눈 앞에 펼쳐진 일에 매진하는 것이 중요합니다.

빛나는 미래를 그리느라 '현재'를 사랑하지 못한다면 그 얼마나 아쉬운 일입니까? 서둘러 그 미래에 도달하려 하기 때문에 걱정이 늘고, 포기하게 되고, 가고 싶지 않은 길을 억지로 걷는 것입니다.

지금 내가 하는 일이 정말 하고 싶은 일인지, 지금 고려 중인 일에 내 가슴이 뛰는지, 지금 느끼는 감정이 편안한지 저는 끊임없이 자문자답합니다. 저는 앞으로도 자신을 속이지 않고, 하고 싶은 일을 하면서 살 것입니다.

여러분에게는 진정으로 하고 싶고 전부를 걸 수 있는 일이 있습니까?

설렘이 왜 중요한가?

자기 자신에게 동기를 부여할 때도 기억해야 할 말이 있습니다.

'가슴이 설레는 일을 하면 최고의 성과를 낼 수 있다.'

아무리 연봉이 높고, 아무리 세간의 평가가 좋은 일이라도 가슴이 죽어 있다면 그 일은 '좋은 일'이 아닙니다.

그런 일은 주위 사람뿐 아니라 자신 자신에게도 유익하지 않습니다. 그래서 저는 일을 할 때, 그 일을 하면 가슴이 두근거린다는 사람들하고만 일합니다.

그럼 어떤 일을 하면 가슴이 뛰는가? 각자의 답이 다 다르기 때문에 이 질문에 대한 답은 자기 자신에게서 찾아야 합니다. 그 일을 하면 즐거운지, 신이 나고 아이디어가 줄줄이 떠오르는지, 아침에 일어났을 때 오늘 하루 할 일이 기대되는지를 자신에게 물어보십시오.

저는 어릴 때부터 지금까지 줄곧 단 한 가지 요소에 가슴이 설렙니다. **아무도 한 적 없는 일을 찾아 열심히 고민해서 새로운 결과를 만들어 내는** 일이 그것입니다. 그래서 그런 일만 찾아서 해 왔습니다.

미국에서 1년 만에 고등학교를 졸업할 때도 가슴이 설렜고, 델에서 최고 영업사원 자리에 오르려고 온갖 아이디어를 짜낼 때도 그 랬습니다. 미야자키에서 농사와 소셜 비즈니스를 병행했을 때나 지금 미디어 사업을 하면서도 마찬가지입니다. 매 순간 가슴이 뛰었고, 재미있어 어쩔 줄 몰랐습니다.

제 안에서 그 일들은 **'아무도 정답을 찾아내지 못한 일을 발견하고 과제를 끌어내서 나름의 답을 찾는 작업'**이라는 일련의 연관성을 가지고 있습니다. 바로 그런 작업이 제 직업, 인생이 되었습니다.

세상 사람들이 그 일을 어떻게 평가하는지, 경제적 가치가 얼마나 되는지는 둘째 문제입니다. 제 가슴이 뛰고 그 일을 소중히 여긴다는 사실이 가장 중요합니다. 그 외의 것들은 어디까지나 부수적인 요소에 불과하지요.

저는 일을 좋아합니다. 제게 일이란 작품 또는 놀이 같은 개념입니다. 아침부터 밤까지 하는 자기 일이 좋다는 사람은 행복한 사람입니다. 그런 의미에서 저는 행복합니다. 과거에 했던 일, 지금 하는 일은 모두 제가 좋아서 한 일이기 때문입니다. 가슴 설렘이 원동력이 되면 일의 결과를 만들어내는 데에도 도움이 됩니다.

일을 하다가 한계가 왔다고 판단했을 때는 내 가슴이 어떨 때 두근거리는지 다시 한 번 점검해 보십시오. 새로운 일을 하려면 용기가 필요하고 모르는 세계에 뛰어들려면 두렵겠지요. 하지만 우리는 모두 어릴 때 그 비슷한 과정을 수도 없이 거쳐 왔습니다. 어른이 되면서 자신이 못 하는 일을 발견하기 두렵고, 쌓아온 업적을 잃기 싫어서 점차 보수적으로 변했을 뿐입니다.

조언 28	가슴 설렘이 곧 성과다. 천진난만했던 예전의 모습으로 돌아가라.

실패를 가오해도 좋을 일

자신이 진짜 하고 싶은 일이 무엇인지 모르겠다고 고민하는 사람이 많습니다. 그럴 때는 좋은 방법이 있습니다. 무언가를 시작하기 전에 결과적으로 일어날 수 있는 일들을 상세하게 예상해 보는 것입니다.

특히 저는 두 가지를 동시에 따져봅니다.

1. 최고의 결과가 나올 패턴 A
2. 최악의 결과가 나올 패턴 Z

'성공했을 때 화려하게 빛날 자신의 모습을 떠올려보라'고 조언하는 사람들이 많지만, 저는 그 반대의 상황도 반드시 점검하려 합니다.

피하고 싶은 상황일수록 얼렁뚱땅 넘겨서는 안 됩니다. 일어날 수 있는 위험 상황을 모두 직시하고, 꼼꼼하게 분석해 두지 않으면 일이 터졌을 때 대처할 수가 없기 때문입니다. 패턴 A와 패턴 Z를 모두 따져본 다음, 그래도 정말 선택하고 싶은지 다시 한번 자신에게 물어보십시오.

좋은 결과, 나쁜 결과를 모두 상상하고도 수긍할 수 있을 때 그 일을 선택하면, 나중에 흔들리지 않습니다. 꿈을 실현하기 위해 오로지 전력을 다하기만 하면 되지요. 이처럼 패턴 A와 패턴 Z를 따져 보면 **자신이 진심으로 그 일을 원하는지 아닌지**를 알 수 있습니다.

위험 요소가 있는 줄 알면서도 하고 싶다면 그건 진정으로 하고 싶은 일입니다. 조금이라도 몸을 빼고 싶다면 진정 자신이 원하는 바가 아닐 겁니다. 아무리 위험해도 하고 싶다면 나중에 후회할 일도, 흔들릴 일도 없습니다. 그때는 전진하기만 하면 됩니다.

행동하기와 이미지 떠올려 보기!

무언가를 실현하고 싶을 때는 이 두 가지를 다 해 봐야 합니다.

무턱대고 행동만 하면 된다는 조언이야말로 위험합니다. 또 훗날의 이미지만 떠올려서는 허상만 키우는 꼴이 됩니다. 최악의 상황까지 예상함으로써 자신이 얼마나 진심으로 원하는지를 알아 보고, 그래도 하고 싶을 때 온 힘을 다해 달리십시오.

조언 29 — 최고의 상황과 최악의 상황을 모두 따져 보면 진심을 확인할 수 있다.

희생이 좋지만은 않은 이유

제게는 사랑하는 동생이 있습니다. 미국에 사는데, 열일곱 살에 뇌종양을 앓았고 지금은 식물인간 상태입니다. 동생이 깨어나지 못한다는 소식을 들었을 당시 저는 세계를 떠돌고 있었습니다. 그러나 비보를 전해 듣고 나니까 도저히 여행을 계속할 수가 없었습니다. 그래서 미국에 가 동생을 보살피기로 마음먹었습니다.

그런데 아버지는 저를 말리며 이런 말씀을 하셨습니다.

"그런 친절은 우리 모두에게 유익하지 않아. 그렇게 너 자신을 희생하면 그애에게 도움이 될까? 동생뿐 아니라, 나아가서 너 자신을 위해서도 좋지 않아."

그때는 그 말의 의미를 몰랐지만 지금은, 이해합니다.

아버지는 그때 제가 감정적이고 감상적으로 행동하려 한다는 것을 간파했습니다. 확실히 저는 '병든 동생이 쓰러졌는데 그걸 버려두고 내 인생만 챙긴다면 나는 나쁜 사람이다'라는 감상에 젖어 있었습니다. 그리고 아버지는 그런 상태에서 한 행동은 아무에게도 도움이 되지 않는다는 것을 가르쳐 주었던 것입니다. 그때 제가 동생의 곁을 떠나지 않고 줄곧 간병했다면 누군가가 더 행복해졌을까요? 그렇지 않을 것입니다.

'남을 위해서'라는 이유를 붙여 행동할 때는 조심해야 합니다. 남에게 도움을 주기 위해 행동한다는 게 나쁜 일은 아닙니다. 하지만 '도움이 된다'는 것은 어디까지나 결과에 불과하다는 것을 잊어서는 안 됩니다. '남을 위해서'라는 감정이 시발점이 되어서 행동을 시작하는 데 의미가 있는 것이 아니라 자신이 한 일이 결과적으로 도움이 되어야 한다는 뜻입니다.

따라서 행동을 할 때는 차라리 **'내가 진정으로 원하는가'**를 따져 보고 행동하십시오. 물론 자신이 감당할 수 있는 일인지 아닌지도 중요합니다. 아무리 남을 위하는 마음에서 나온 행동이라도 자신이 원하지 않으면 현실적으로 오래갈 수가 없습니다.

더 경계해야 하는 상황이 있습니다. 실제로는 자신을 위해서 하는 일이면서도 남을 위해서 하는 일이라고 굳게 믿는 경우입니다. 일종의 억지 주장입니다. 상대는 파스타가 먹고 싶은데 오므라이스를 먹이고 싶어 하는 사람을 예로 들어 봅시다. "너를 위해 오므라이스를 만들었어. 맛있지?"하는 말은 호의를 강요하는 행위입니다. 그러니 이 경우에는 "오므라이스를 만들고 싶은데 싫지 않으면 먹어줄래?"라고 묻는 편이 훨씬 낫습니다.

원할 때 원하는 행위를 하면 되는 것입니다. 단, 자신이 원해서 하는 일이라는 점을 자각해야 합니다. '누군가를 위해', '너를 위해'라는 이유를 붙이는 순간 만사가 꼬이기 시작합니다. 남을 위해서 하는 일과 자신을 위해서 하는 일을 혼동해서는 안 됩니다.

조언 30 남을 위해서가 아니라 자신을 위해서 행동하라.

시련도 받아들일 각오

좋은 경험만 하고 싶은 것이 인지상정이겠지만, 저는 애매하게 좋은 경험들로 삶을 채우기보다는 좋은 경험과 함께 **최악의 나쁜 경험**도 다 해 보는 게 좋다고 생각합니다. 물론 달갑지는 않겠지요. 하지만 최악의 경험도 그리 자주 할 수 있는 것이 아닙니다. 오히려 남들이 하지 못한 경험일수록 나중에 큰 무기가 됩니다.

모든 경험을 받아들이고, 곱씹고, 깊이 흡수하는 과정을 거치며 인생의 참맛을 느끼는 사이에 우리는 성숙한 인간이 될 것입니다. 그러니 좋은 일, 나쁜 일을 미리 정해놓고 가릴 필요가 없습니다. 어떤 경험이건 담담하게 받아들이자고 생각하면 인생을 즐길 수 있습니다.

최고라 생각한 상황 속에도 최악이 있습니다. 최악이라 생각한 상황 속에도 최고가 있지요. 큰돈을 벌었어도 주위에 속이 시커먼 사람들만 모일 수가 있습니다. 그러면 사기나 범죄에 휘말릴 위험도 커집니다. 반대로 부자가 가진 돈을 몽땅 다 날리고 나면 그 덕분에 사기꾼들은 다 사라질 겁니다. 어쩌면 그 대신 진실한 사랑을 찾을 수도 있습니다.

바다에 밀물과 썰물이 번갈아 생기듯 최고의 상황에 도달하면

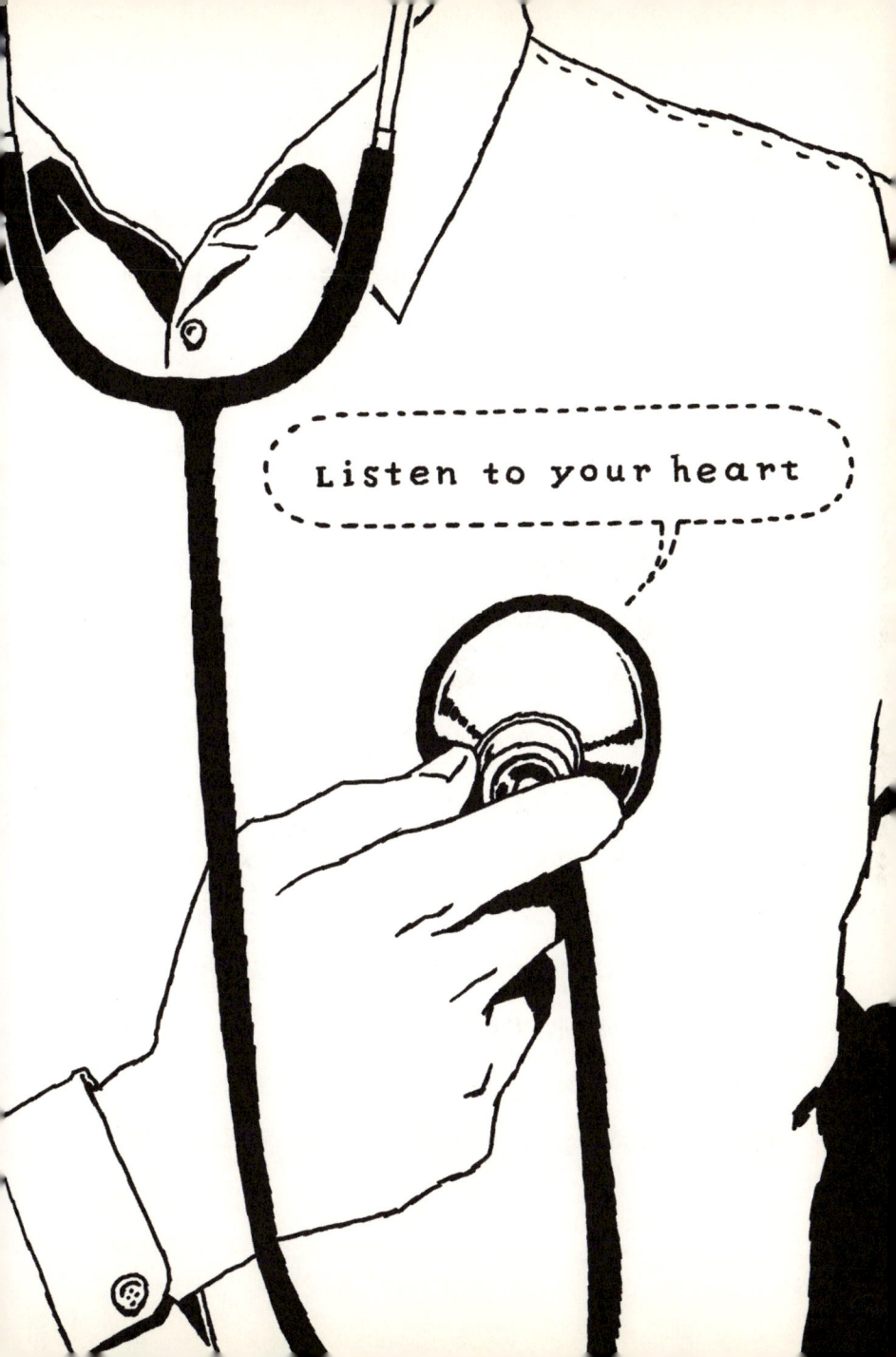

최악이 시작되고, 최악의 상황은 최고를 향해 달리는 시작점이 됩니다. **절정기일수록 마음을 다잡고, 절망스러울수록 한 줄기 희망의 빛을 찾아야 합니다.**

최악의 상황일 때는 손에 쥔 것이 없어 오히려 최고의 출발을 할 수가 있습니다. 저는 달리 선택지가 없는 최악의 상황에서 최고의 상황을 만들어낸 경험을 몇 번이나 했습니다.

그 경험을 통해 최악의 상황에는 반드시 탈출구가 있고, 최고의 상황에 달하면 언젠가 추락이 기다린다는 것을 확신하게 되었습니다. 인생은 그런 것입니다. 따라서 우리는 슬퍼하거나 당황하지 말고 다음번 '최고 상황'을 만들 여행을 떠나면 됩니다. 분명 여러분도 제 생각에 동의하리라 믿습니다.

그럼 마지막으로 어떻게 하면 최악의 상황에서 탈출할 수 있는지에 관한 작은 비결을 알려 드리겠습니다. **최악으로 보이는 상황 속에는 반드시 최고로 이어지는 희망의 끈이 숨어 있습니다. 그 끈을 찾아 필사적으로 매달려야 합니다.**

겉모양만 봐서는 '희망'의 끈으로 보이지 않을 수도 있습니다. 형태조차 선명하지 않은 마지막 선택지로 여러분 앞에 나타날지도 모릅니다. 그렇지만 열심히 집중하고 소중하게 다뤄야 합니다. 다른 선택지는 없는지 이리저리 찔러보는 데 힘쓰지 말고 있는 힘껏 눈앞의 마지막 선택지에 매달리십시오. 다시 새로운 길이 열릴 것입니다.

조언 31 최악은 최고의 시작이고, 최고는 최악의 시작이다.

사회생활

조언 01   지금에 만족하지 마라! 진화하는 자만이 살아남는다.

조언 02   과거나 미래에 연연하기보다 실력을 갖추는 것이 우선이다.

조언 03   미래에 대한 걱정들로 발버둥 치지 마라. 오늘을 놓치는 지름길이다.

조언 04   미래를 생각한다면 '지금, 이 순간'을 최고로 빛나는 순간으로 만들어야 한다.

조언 05   이룰 수 없는 꿈에 매달리지 마라. 어떤 경우에도 대응할 수 있는 유연성을 길러라.

조언 06   언젠가는 쓸거라 생각하며 짊어지고 가는 짐은 좋은 것이 아니다. 홀가분하게 버려라!

조언 07   새로운 세계에 뛰어들 때는 어제까지의 자신을 버려라!

조언 08   인생은 내려가는 에스컬레이터다. 우두커니 서 있지 말고 뛰어 올라라.

조언 09   눈앞의 일을 완벽하게 하면서 기다려라! 반드시 기회가 온다.

조언 10   백 배의 차이가 나더라도 열 배 노력하면 앞설 수 있다.

조언 11   남들이 말리는 일이야말로 기회! 나만의 원칙을 만들어라.

조언 12   내 편이 없다고 느껴질 때 논리가 아닌 감정을 전하라.

조언 13   큰 파도를 만났을 때는 가슴 설레는 요소를 찾아서 집중하라.

조언 14   벽에 부딪히면 빨리, 진로를 정반대 방향으로 틀어라.

조언 15   사명감이 짐이 된다면 당장 버려라.

조언 16   행운에 집착하지 말고 불운에 저항하지 마라.

조언 17   실패 공포증에 걸렸다면 '지금 선택한 길'을 정답으로 만들어라.

조언 18   '약점'이 아니라 '하나의 강점'을 파고들어라.

조언 19   이미 성공한 사람의 핵심 성공 요소를 간파하라.

조언 20   '자신이 못 하는 일'에 주목하고 한계를 넘어서 성장하라.

조언 21   직접 경험함으로써 공포심과 동경심의 정체를 밝혀라.

조언 22   하나의 가치관만 고집해서는 안 된다. 다양성이야말로 변화하기 위한
          자양분이다.

조언 23   성장을 멈춘 사람이 되지 않으려면 한계를 넘어서는 습관을 들여라.

조언 24   콤플렉스는 고민거리가 아니다, 개성이 없는 게 고민거리다.

조언 25   성장하고 싶다면 사람을 구분하지 말고 다양하게 만나라.

조언 26   약간 튀어나온 못은 두들겨 맞지만, 왕창 튀어나온 못은 뽑혀서
          더 나은 자리에 쓰인다.

조언 27   인간관계를 호전시키고 싶다면 '죽어도 들키기 싫은 비밀'을 버려라.

조언 28   가슴 설렘이 곧 성과다. 천진난만했던 예전의 모습으로 돌아가라.

조언 29   최고의 상황과 최악의 상황을 모두 따져 보면 진심을 확인할 수 있다.

조언 30   남을 위해서가 아니라 자신을 위해서 행동하라.

조언 31   최악은 최고의 시작이고, 최고는 최악의 시작이다.

맺음말

여러분, 사실 저도 매일 소중한 것들을 잃을 위기 앞에서 필사적으로 버티고 있는 약한 사람입니다. 지금은 제 회사를 경영하고 있지만, 벤처기업이란 원래 언제 쓰러질지 모르니 그리 대단할 게 없습니다. 또 미래에 관해 보장된 바도 없습니다. 할 줄 모르는 일도 참 많고, 남들이 보면 놀랄 만큼 괴로운 일도 있습니다. 물론 그 반면에 즐거운 일도 있습니다.

저는 정말 불완전한 사람입니다. 하지만 언제나 이런 저 자신을 똑바로 응시하면서 꾸준히 앞으로 걸어 나가려 합니다. 살면서 제가 했던 말이나 생각을 모두 선명하게 기억하지도 못하고 잊은 내용도 많지만, 이렇게 책을 쓰면서 되돌아볼 기회를 주셔서 정말 감사합니다.

2018년 2월

구시 쇼타로

구시 쇼타로(久志尚太郎) 저

월간 페이지 뷰 5천만 건, 방문자 9백만 명을 자랑하는 온라인 미디어 TABILABO의 대표이사이다. 어린 나이에 홀로 미국으로 유학 갔다가 일 년 만에 고등학교 전 과정을 이수, 졸업하고 창업했다. 9·11 테러 후 미국 전역을 돌아다닌 경험을 안고 일본으로 귀국했고, 외국계 금융회사를 거쳐 미군 기지의 IT 프로젝트에 엔지니어로 참여하기도 했다. 컴퓨터 회사인 델(Dell)에 입사한 뒤에 법인 영업부 최고 세일즈맨 자리에 올랐으나 큰 병을 얻어 일을 그만두었다. 이 일을 계기로 휴직을 하고 전 세계 25개국의 히피 커뮤니티를 둘러봤다. 여행을 마치고 돌아와서 최연소 비즈니스 매니저로 활발히 활동했다. 퇴직 후에는 규슈(九州) 미야자키현(宮崎県)에서 소셜 비즈니스업에 종사하기 시작했다. 2013년에는 도쿄로 거점을 옮겼고 2014년 2월 22일, 타비라보(TABILABO)를 설립했다. 타비라보는 현재 30대를 중심으로 한 독자들로부터 뜨거운 지지를 받는 인기 미디어로 성장 중이다.

—

정문주 옮김

한국외국어대학교 통번역대학원 한일과를 졸업한 후 한일 정부, 유엔 산하기관, 기업, 학술 관련 현장에서 전문 통번역사로 활약 중이다. 출판기획 및 출판번역, 온·오프라인 강의, 저술 활동도 활발하다. 역서로는 《오아시스 식당》, 《별것 아닌 이야기》, 《시골 빵집에서 자본론을 굽다》, 《관저의 100시간》 등이 있고, 저서로는 《랜드마크 일본어 회화》, 《2030 일본어로 쉽게 말하기》 등이 있다.

사회생활

초판 발행 2018년 03월 31일

지은이 구시 쇼타로
옮긴이 정문주

책임편집 양민영
디자인 이혜원

펴낸이 구난영
경영총괄 이총석

펴낸곳 도슨트
주소 경기도 파주시 산남로 183-25
출판등록 제406-2016-000034호
전화 070-4797-9111
이메일 docent2016@naver.com

ISBN 979-11-88166-18-3 (13300)

이 도서의 국립중앙도서관 출판예정도서목록(CIP)은 서지정보유통지원시스템
홈페이지(http://seoji.nl.go.kr)와 국가자료공동목록시스템(http://www.nl.go.kr/kolisnet)에서
이용하실 수 있습니다.(CIP제어번호: CIP2018003296)

※ 책값은 뒤표지에 있습니다.
※ 잘못된 책은 구입하신 서점에서 교환해 드립니다.
※ 이 책은 저작권법에 따라 보호를 받는 저작물이므로 무단전재와 무단복제를 금합니다.

도슨트 출판사는 독자 여러분의 참신한 아이디어가 담긴 원고를 기다리고 있습니다.
책 출간을 원하는 분은 docent2016@naver.com으로 간략한 도서정보와 연락처를 보내주세요.
소중한 경험과 지식을 기다리고 있습니다.

사회생활